国外年鉴
选介

主　编　张恒彬

副主编　崔　震　王韧洁

社会科学文献出版社

SOCIAL SCIENCES ACADEMIC PRESS (CHINA)

序

　　接受为《国外年鉴选介》写序的任务时日已久，却一直迟迟没有动笔，除了俗务缠身，还有宿昔困扰而百思不得其解的一些问题：当下，我国作为年鉴生产大国与国外年鉴发展存在着哪些差异？距离年鉴生产强国的路还有多远？对境内外年鉴发展的路径选择如何做出科学判断？等等，这正是编辑出版《国外年鉴选介》的初衷，以期引起社会，特别是年鉴界对这一问题的重视，呼吁并推动专家学者和年鉴界同仁对中外年鉴发展情况进行全面系统的比较研究。

　　年鉴作为舶来品，从西方传入中国已有一百多年的历史。中国年鉴在一百多年的发展过程中，经历了从无到有、从少到多、从种类单一到繁多（乃至经济社会的主要行业基本覆盖）的过程，特别是伴随着改革开放四十年的发展，出现了持续的"年鉴热"，中国成为年鉴生产大国，并逐渐形成了中国特色社会主义年鉴的发展之路。据有关部门统计，20 世纪 80 年代初，我国只编纂出版 6 种年鉴，至 2009 年编纂出版年鉴约有 2500 种。截至 2013 年 2 月，国家图书馆年鉴阅览室室藏年鉴种类已达 4334 种 26068 册，馆藏年鉴种类 5076 种，缺藏 693 种。至 2015 年底，我国已编纂出版 32 种 770 多部省级综合年鉴，338 种 4350 多部地市级综合年鉴，2300 多种 1 万多部县区级综合年鉴。据国家图书馆馆藏部年鉴与新方志室的统计，截至 2018 年底，已达到 9530 种。北京市年鉴事业的全面发展起源于 20 世纪 80 年代中后期,总体上略晚于全国。经过 30 多年的发展,取得了显著成绩,截至 2018 年底,北京市共编纂出版综合年鉴、行业年鉴、高校年鉴、国企年鉴、统计年鉴等各类年鉴 300 余种。

在取得成绩的同时,也存在着一些问题和不足,特别是在互联网飞速发展的背景下,作为纸质媒体的年鉴面临着新的挑战:以往传统的编纂模式难以突破,信息来源渠道受到约束,年鉴的总体质量不高,年鉴的开发利用不足,年鉴理论研究不够,年鉴的发行渠道单一化等诸多问题。面对这些问题,年鉴人一直在思考,却难以破题。

作为年鉴的工作者,我们试图从年鉴的发源地寻找答案,所以开始关注国外年鉴的发展状况并进行比较研究,希望能总结历史经验,借鉴国外经验,取长补短,共同提高,故而从 2017 年开始谋划本书。为此,2018 年 7 月,我们还先后到德国、英国,拜访了《德国建筑年鉴》、英国《惠特克年鉴》《儿童作家和艺术家年鉴》《芦苇航海年鉴》的出版方,就有关问题与国外年鉴同行进行了交流和探讨。最终,我们选择了 20 余种可以买到或者可以下载到、并且在国外具有一定影响的年鉴,在翻译前言、目录的基础上,又选择部分重要的、有特色的内容进行了翻译,然后组织北京市的年鉴专家、工作者进行了初步的研究和评介。经过两年的精打细磨,本书即将面世,希望对有志于研究国外年鉴的专家学者有所帮助。

对国外年鉴的关注和研究,这仅仅是一个开始。面对我国年鉴事业的转型升级,推动年鉴事业全面、科学发展的路还很长。望借此书点燃年鉴界同仁对国外年鉴研究的星星之火,在不远的将来成燎原之势。

权以为序。

2018 年 12 月于北京

前　言

年鉴起源于西方，现代意义上的年鉴形成于 16 世纪的欧洲，迄今已有 400 多年的历史。19 世纪至 20 世纪前叶，欧美主要工业国家的年鉴发展进入兴盛时期，也正是在此期间，年鉴传入了中国。据现有资料，1909 年，由奉天图书馆出版的《新译世界统计年鉴》①，是我国编译出版国外年鉴的发轫之作，亦肇基后世年鉴之业。新中国成立后，翻译出版了《苏联国民经济统计年鉴》《德意志民主共和国统计年鉴》等国外年鉴。前辈专家对于国外年鉴，也有过重要的论述与比较，为我们开了认知之门，但可惜大体止于 10 年以前的情况。时代的发展使传统媒介的生存气象日更月异，现今，世界各国的年鉴都在不断地发生变化。在长期的工作实践中，我们一直希望能对这些最新的状态进行了解和介绍，给年鉴界的同仁、各领域学人以及广大读者带来一点新眼界、一点真现实、一点深思考——这也是我们编纂这本书的初衷所在。

在选择年鉴的过程中，我们依照如下的标准。第一，选择不同的国家，以求看到多种地域特色。第二，选择不同的类别，以求寻找全面细化的范式。第三，选择精品，查阅多方资料，参考知名度、销售量、现实评价等因素，以求

---

① 据日本所编《世界统计年鉴》而辑译的。

最佳的质量和代表性。

　　然而，在我们拿着参订的标准实施购买的过程中，却遇到了各种实际问题。首先，停刊的问题。我们所共知的一些著名年鉴，在近年内都已经停刊。如日本的《朝日年鉴》（朝日年鑒）于 2000 年停刊；法国的《贵德年鉴》（Quid）于 2007 年停刊纸质版（其后一段时间改为电子版，于 2010 年停止）；美国的《不列颠百科年鉴》（Britannica Book of the Year）于 2012 年停刊；由加拿大统计局编写的《加拿大年鉴》（Canada Year Book）于 2012 年停刊；由澳大利亚统计局编写的《澳大利亚年鉴》（Year Book Australia）于 2012 年停刊。其次，审核的问题。由于我国对于国外出版物的审核较为严格，有一些年鉴未能引入。如《美国政治年鉴》（The Almanac of American Politics）、英国的《作家和艺术家年鉴》（Writers' & Artists' Yearbook）、日本的《新闻年鉴》（ニュース年鑑）。再次，购买不到的问题。这类问题主要有：暂时缺货；出版方依购买方的资质选择性售卖；按需印刷，需要达到一定的数量才可以印制和购买；已知信息过少，查询不到等。如日本的《读卖年鉴》（読売年鑑）、丹麦的《历史年鉴》（Historian Vuosikirja）、芬兰的《科学年鉴》（Tieteen Kuvalehden Vuosikirja）。最后，电子化的问题。有一些年鉴已不再发行纸质版，而全部以电子版替代，且大多提供免费下载。如《南非年鉴》（South Africa Yearbook）、《欧洲安全年鉴》（Euiss Yearbook of European Security）、《沙特医学年鉴》（Annals of Saudi Medicine），所以我们也选择了对电子版进行介绍。

　　合观而言，主观因素的制约不免使我们的年鉴视野少了一些空间与种类脉络。但最应予重视并追问的，是给年鉴的存续带来严峻挑战的客观因素。2008 年，《贵德年鉴》的出版商以印刷百科类书籍无法与免费的网络信息竞争为由停止对该年鉴的出版。加拿大统计局和澳大利亚统计局对其年鉴停刊的解释中也涉及资金不足，年鉴的形式已不能涵盖相关的大量统计资源，将数据放到网站、其他书籍和产品当中更为有效等原因。其他国家统计机构的年鉴类型出版物也有相同趋势。从中，我们大体可以看到信息量涌增、载体丰富、网络普及所造成的冲击。从这个角度来讲，我们所购买到的这些年鉴（和下载到的电子版年鉴），更加拥有顽强的生命力，对它们的介绍与研究，也因而更具意义。

在文章的撰写和编排上面，我们也做了如下规范。第一，受全书规模限制，将每篇文章的体量控制在 2000~3000 字。第二，为保持整体的一致性，每篇文章均分为发展概况梳理、最新一卷（截至购买时）简述、特点分析三大部分。第三，在每篇文章中配以所介绍年鉴的目录和部分重要内容的翻译，以及封面等部分图片，扩展信息含量，并增强直观感受。①

同其他领域一样，我们必须放眼去得知世界，再回过头来审视自己。面对每一部优秀的国外年鉴，其所达到的水准与所经历的改变都足以提醒我们，提高质量、找到契合时代的入口是多么紧迫的使命。在此，衷心感谢为本书付出辛劳的每一位老师。由于该项工作在某些方面具有初创性，少有经验借鉴，加之自身对国外年鉴的认知储备和语言掌握有限，相关资料较难查询等因素，缺憾之处在所难免，但编者自信是以严谨的态度，竭力做出了客观呈示和允当评判。希望无论对于专业读者还是一般读者，都能从中汲取启发，以在更高的水平上对年鉴事业付诸思索和践履。

编者

2018 年 3 月

---

① 我们委托中华版权代理总公司购买本书所涉及的年鉴相关版权。遗憾的是，个别年鉴的图文未得到使用许可。此外经过半年的工作，一直无法联系到《世界年鉴（2017）》《特伦帝诺年鉴（2016）》《荷兰设计年鉴（2015）》《公法年鉴（2016）》《欧洲安全年鉴（2017）》《战斗机年鉴（2017—2018）》《经典飞机年鉴（2016）》《体育年鉴（2017）》《天文年鉴（2017）》《南非年鉴（2015/16）》的出版方或文章作者本人。若以上年鉴的版权拥有者看到此书，请与我们联系（邮箱 1053190552@qq.com），以便支付版权费用。

目 录
CONTENTS

亚 非 篇

美 洲 篇

世界年鉴

一 《世界年鉴》发展概况

《世界年鉴》创刊于 1868 年，全称是《世界年鉴与事实手册》（ *The World Almanac and Book of Facts* ），由位于美国纽约的西蒙与舒斯特出版公司以简装本和精装本两种形式出版发行，逐年编纂，回顾上一年度的重要事件，以及满足读者对历史、体育、地理、流行文化等方面的资料需求。

《世界年鉴》最早由《纽约世界报》出版，是从为该报记者和编辑们准备的内部资料汇编集发展而来的。1876~1886 年停刊，1886

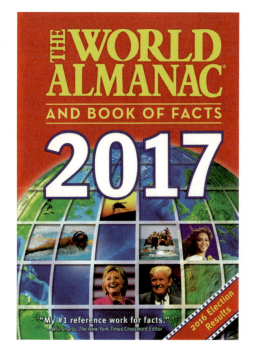

《世界年鉴（2017）》封面

年复刊后编纂者将其目标定为"全球知识概览"，1884~1923 年曾更名为《世界年鉴与百科全书》。《世界年鉴》号称美国最畅销的参考书，至 2017 年已出版 139 卷，并被翻译成日文和意大利文，总销量超过 8200 万册。美国图书馆协会认为："就一本书拥有的信息来说，《世界年鉴》一直是冠军"；《华尔街日报》说："《世界年鉴》是一个政治、经济、科学、教育信息的宝库。"不仅如此，《世界年鉴》还成为美国第 30 任总统卡尔文·柯立芝、第 36 任总统林登·约翰逊就职时的宣誓用书。在美国总统办公室里《世界年鉴》也是常备工具书。另外，还出版有《世界年鉴·儿童版》，其与《世界年鉴》的记述范围大致相同，但字号较大，配有大量插图，符合小孩子的阅读水平、阅读兴趣和需求。

二 《世界年鉴 (2017)》介绍

● 《世界年鉴（2017 ）》目录

《世界年鉴（2017）》于 2016 年 11 月出版，英文编写，售价 34.95 美元。此年鉴为 16 开本（260mm×184mm），1008 页，除封面、封底、内文为彩印外，其他均为黑白印刷。

该年鉴封面设计亮丽、醒目，主题突出，特点鲜明。底色为红色，主体文字为白色、黄色。封面主图为手绘的地球，地球的经纬线勾画的窗口内用照片展现了 2016 年部分年度大事。封底在边缘用 10 个"标签"的形式展现了本书登载内容的主要分类，包括经济、商业与能源，科学与技术，人物、艺术与媒体，世界历史与文化，世界各国等等，其他地方简要记述了《世界年鉴》的历史、特色及知名媒体对它的评价等。

全书分三大部分。第一部分为年度特辑及一年回顾，包括"十大新闻""世界一览""统计焦点""大事年表""历史上的今天""时间胶囊"等 12 个类目，并以比较大的篇幅介绍了 2016 年美国大选的情况，以及由大选衍生出的国会、州县选举等相关资料。第二部分是"年度大事彩色图片"（分两组），约刊载图片近 80 张。第三部分为不同领域的资料汇编，大致分为 15 个类目，下设 60 余个分目，涉及政治、经济、文化、社会的不同方面。《世界年鉴》在文字记述上体裁众多，并配有大量的统计性图表及近百张随文图片，整体感觉形式灵活多样。

● 《世界年鉴（2017）》中登载"2016 年十大新闻"内容节选

2016 年十大新闻

1. 特朗普当选美国第 45 任总统。

2. 独狼式恐怖主义引发了安全问题。

3. 打击 ISIS 的中东内战仍在继续。

4. 移民问题对英国退欧公投产生了影响。

5. 大法官斯卡利亚去世；8 名大法官组成的最高法院负责判决。

6. 警察枪杀非洲裔美国人和袭警致使多人丧命。

7. 密歇根州弗林特河的用水遭受铅污染。

8. 寨卡病毒蔓延至美洲。

9. 鉴于气候变化对天气的巨大影响，联合国气候协议获得批准。

10. 小熊队夺冠军；美国运动员在奥运会上大放异彩。

三 《世界年鉴》的特点

本年鉴虽然以"世界"冠名，内容上也有很多属于国际性的，但又以美国的资料最为丰富，尤其对于美国的历史、文化、生活等都有比较详细的统计。在体例、选材、编写等方面与中国年鉴存在差异，其自身的特点也较为突出。

1. 服务大众的定位

《世界年鉴》创办以来的读者定位始终是最普通的美国公众，定位决定内容，所以在题材选取、编排流程等方面会更多地考虑大众的需求。另外，《世界年鉴》由私人机构主办，一般没有政府拨款的经济支持，办刊经费主要来源于发行收入，所以在内容上要最大限度地激发受众的购买欲望。

在选材上，侧重于民生方面的信息。如果说中国的综合年鉴最突出的特点是全面、系统，那么《世界年鉴》最鲜明的标签就是实用、大众。如它记述了美国总统是如何选举的，以及历任总统的简要介绍；想要了解历史，这里有世界历史和人物，以及美国事实及大事年表；准备投资或旅游，可以找到世界重要国家及美国 100 个大城市的情况简介，包括政治、经济、人口、文化等；还能查阅到美国学校的数量、规模、收费等相关情况。各个阶层的读者都可以从中获取相应的实用信息和实用知识。在出版上，注重时效性，这是《世界年鉴》的一大特点和优势，也是服务大众的具体体现。《世界年鉴（2017）》重点记述了 2016 年发生的重大事件，但它的出版时间却是在 2016 年的 11 月，当然内容的涵盖时间也有所调整，一般是上一年的 11 月至当年的 11 月。而且为了保持内容的完整性和为民众提供更多的知识性信息，有些类目资料的上、下限有突破。有的上限可以追溯到 1492 年，下限也不拘泥于 2016 年。

如 2016 年是美国总统选举年，在选举结果刚出来不久，最新版的 2017 年版《世界年鉴》就与读者见面了，有关选举的相关消息无一遗漏，做到了以最快的效率给读者提供最新的资讯。

2. 选材注重资料性

《世界年鉴》的篇幅庞大，正文字号较小，每页共 86 行，按两栏排列，如果翻译成中文全书总字数量达到 300 万字左右，中间几乎没有空白，故承载的信息量是相当可观的。《世界年鉴》的编辑们在选材上突出资料性。一是注重新闻性。让读者获取年度最重要、最瞩目的热门故事。如在年度大事彩色图片选取上全部是事实新闻类图片，没有任何的修饰、宣传色彩，但很多幅都直击人心。二是注重研究性，即扩大资料在各历史时期的历时境况，以方便读者查阅、研究。如"世界历史"，除完整记述了世界历史的发展，又分段记述了在历史发展不同时期影响力较大国家的情况，从而使读者能够比较出不同发展阶段的面貌与动态。三是资料来源的多样性。《世界年鉴》的编辑部人员很少，却有一个庞大的联络网络，这个网络覆盖着整个美国政府、州与地方政府、联合国与其他国际组织、学术与研究机构、专业协会、商业组织及体育组织等等，包含官方与民间机构，并尽量使选取的资料延伸到社会各个角落。近些年又借助于互联网收集，使资料来源更加多样性。

3. 检索方便快捷

在这一点上《世界年鉴》也做得非常出色。全书主要的检索系统包括书前的目录和书末的索引两部分。其中目录为简要目录，仅有一页，只列类目和分目。索引共 29 页，占全书篇幅近 3%，分为总索引和快速参考索引。总索引采用常见的主题词标识，按字母顺序排序；快速参考索引属于内容分类索引，按资料的学科、专业内容在分类法中的相应类别进行编排，使内容相同的资料集中在一起。另外，还有两个检索方式：一是在书眉准确标注了所要反映的当页内容，几乎每页都不相同；二是每页在侧边有一个黑色条块，按栏目前后错位排列，从侧面形成了阶梯索引，让读者可以快速地翻到不同的类目。

● 《世界年鉴（2017）》中登载"世界一览"内容节选

世界一览

世界之最

世界上人口最多的国家　中国：13.7亿人（2016）（第730页）

世界上人口最多的城市　日本东京：3810万人（2016）（第729页）

世界首富　美国的比尔·盖茨：资产净值750亿美元（截至2016年3月1日）（第80页）

访问次数最多的美国社交网站　脸书：绝对造访人次2.074亿次（2016年6月）（第328页）

使用最多的美国搜索引擎　谷歌：105亿次搜索（占总搜索量的64.4%）（2016年6月）（第328页）

载客量最多的美国航空公司　美国航空公司：1.468亿乘客（2015年）（第121页）

世界上最繁忙的客运机场　哈茨菲尔德-杰克逊亚特兰大国际机场：1.015亿乘客（2015年）（第121页）

美国旅游支出最高的州　加利福尼亚州：1242亿美元（2014年）（第119页）

世界上最热门的游乐园　佛罗里达州的华特迪士尼世界神奇王国：2050万游客（2015年）（第122页）

每年假期最多的国家　奥地利和马耳他：38天（第734页）

惊人事实

全世界的难民人数从2005年的870万人增加到2015年的1610万人。国内流离失所者人数（IDPs）急剧增加，从2005年的660万人增加到2015年的3.75亿人（第735页）。

2015年，美国接待的国际移民居世界之首，从2000年的3480万上升到4660万。2015年，德国接待了1200万国际移民，远高于 2000 年的 900 万（第 734 页）。

1950 年，美国生产的机动车占全世界的 75.7%；2015 年，占比降至 13.3%（高于 2009 年的 9.5%）（第 112 页）。

2014 年美国具有学士学位的毕业生贷款平均数额为 28950 美元，高于 10 年前美国毕业生的 18550 美元（第 416 页）。

2015 年，21.7% 的女高中生遭受网络欺凌，高中男生的比率为 9.7%（第 411 页）。

》沈红岩　北京市地方志编纂委员会办公室

得克萨斯州年鉴

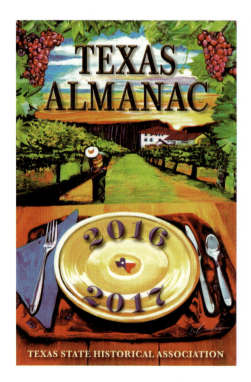

《得克萨斯州年鉴（2016-2017）》封面

一 《得克萨斯州年鉴》发展概况

《得克萨斯州年鉴》（*Texas Almanac*）于 1857 年 1 月由加尔维斯顿报社创刊，后由达拉斯晨报社接续出版，2008 年改由得克萨斯州历史协会（简称 TSHA）出版，主要记录得克萨斯州的政府和政治、经济、自然资源、社会、文化、教育、体育等内容，每一卷刊载独有的多种主题的分析性文章和地图，被誉为知晓得克萨斯州一切的首选参考指南。

第一本《得克萨斯州年鉴》名

为《1857 年得克萨斯州年鉴》，1869 年开始改名为"×× 年得克萨斯州年鉴和得克萨斯移民指南"，除 1866 年未出版外，均为每年一卷。1874~1938 年几经停办、改名，1939 年起，改为每两年出版一卷，书名改为"得克萨斯州年鉴 ××××-×××× 年"。

得克萨斯州历史协会是得克萨斯州最悠久的图书出版商，1897 年成立，主要出版与得克萨斯州历史相关的书籍，旗下有《西南历史季刊》《得克萨斯州年鉴》《得克萨斯州手册》《得克萨斯州历史》等百余种书籍和出版物。该协会官网（www.tshaonline.org）设有"教育""手册""年鉴""出版物""商店"等二级网页，内容丰富、信息量极大，读者不仅可以浏览、下载 1857~2005 年的年鉴和其他出版物，还可以在线购买该协会出版发行的其他产品。

二 《得克萨斯州年鉴（2016-2017）》介绍

● 《得克萨斯州年鉴（2016-2017）》目录

《得克萨斯州年鉴（2016-2017）》于 2016 年出版，售价 24.95 美元。开本为大 32 开（152mm×213mm），共 752 页，封面图片是请插画师为年鉴专门创作的一幅层次清晰的画作，展示的是一个色彩斑斓的得克萨斯葡萄园，生动活泼、色彩丰富。全书彩色印刷，版面漂亮。

● 年鉴中专门对封面的设计加以介绍

封面介绍

本版年鉴以食物和葡萄酒为双重主题，要找到匹配的理想图片是一个挑战。艺术家兰伯特·阿尔瓦雷斯（Lambert Alvarez）则是解决问题达人，他在多个主流报纸做过插画师的工作，也曾担任《达拉斯晨报》的插图总监，因此拥有寻找视觉解决方案的天赋。当我们讨论主题时，他受到了毗邻拉诺县 Tow 村的落溪酒庄一名葡萄园工人的照片启发，这张照片是由《得克萨斯州葡萄酒之乡》的作者（见第 38 页）梅林达·爱斯科（Melinda Esco）拍摄的。

兰伯特据此进行构思开始绘画。成稿名为得克萨斯州宝藏（Texas Bounty），是一幅层次清晰精细的画作，展示了破晓时分一个色彩斑斓的得克萨斯州葡萄园。读者仿佛坐在一张餐桌后面，欣赏远处的苍翠景色和大庄园，翘首期盼着一顿丰盛的饭菜。

兰伯特说："虽然我从事过各种媒体工作，更为具象和集中，但是为得克萨斯州年鉴创作的画作激发了我的创作欲望，我甚至想绘制一幅大型帆布画来描绘得克萨斯州壮丽的葡萄园。"创作封面画对于这位艺术家来说的确是一份快乐的工作。

该年鉴共分为 26 个类目 163 个分目，记述时间范围下限截至 2017 年，上限没有特定限制。年鉴采用文章体，配有数百张全彩照片、地图和数据，内容涵盖了得克萨斯州各县、农业、天气、人口、娱乐、体育的统计数据，以及

Average Temperatures 2013

	High Plains	Low Plains	North Central	East Texas	Trans-Pecos	Edwards Plateau	South Central	Upper Coast	South Texas	Lower Valley
Jan.	38.8	43.4	47.5	50.3	44.6	49.0	54.5	55.4	57.9	60.8
Feb.	41.3	46.5	50.8	52.7	49.6	53.3	59.0	59.4	63.3	68.3
Mar.	50.4	54.5	55.2	55.5	57.7	59.3	61.8	60.7	67.1	68.8
April	55.3	59.4	61.1	63.4	64.2	64.8	67.3	64.7	71.7	73.6
May	68.3	72.2	71.4	71.7	72.4	73.2	75.1	74.5	78.5	79.4
June	79.2	81.6	81.5	81.1	82.4	81.5	83.5	83.1	85.4	86.2
July	77.9	81.2	82.4	81.5	79.0	80.9	84.0	83.2	85.5	85.8
Aug.	79.1	82.8	84.9	84.2	81.3	83.4	85.4	84.1	86.9	86.4
Sep.	73.7	77.3	80.0	80.4	75	77.4	81.3	81.8	81.8	82.3
Oct.	59.5	64.2	66.2	67.3	65.2	66.9	71.7	71.8	74.9	77.6
Nov.	46.2	50.0	51.8	53.0	51.9	52.6	58.3	59.2	62.0	65.9
Dec.	37.0	39.7	42.3	46.5	45.3	45.3	50.7	52.1	53.8	58.0
Ann.	58.9	62.7	64.6	65.6	64.1	65.6	69.4	69.3	72.4	74.4

Precipitation in Inches 2013

High Plains	Low Plains	North Central	East Texas	Trans-Pecos	Edwards Plateau	South Central	Upper Coast	South Texas	Lower Valley
0.83	1.31	3.29	5.33	1.68	1.99	3.00	4.65	1.37	1.37
1.28	1.52	1.54	2.85	0.10	0.27	1.16	2.02	0.68	0.04
0.25	0.18	1.66	1.80	0.01	0.49	0.57	0.49	0.11	0.03
0.08	0.94	2.56	3.32	0.28	1.25	3.51	4.70	1.90	2.04
0.71	1.64	3.60	4.03	0.62	3.50	2.88	2.49	2.68	2.03
2.60	3.36	2.28	3.02	1.18	1.99	1.76	2.40	2.80	0.80
2.09	3.95	4.08	3.26	2.65	2.92	2.31	3.51	1.83	1.88
2.18	2.14	1.06	1.03	0.62	1.03	1.45	3.30	1.21	1.43
1.88	2.44	3.80	7.00	2.35	4.13	5.79	5.58	5.41	7.14
0.86	1.14	4.58	7.88	0.58	3.28	5.34	5.73	2.63	0.46
0.64	0.68	2.26	4.79	0.75	1.47	1.99	4.43	1.72	4.22
0.61	1.32	2.21	2.89	0.92	0.91	0.67	0.82	1.06	3.16
14.01	20.62	32.92	47.20	11.74	23.23	30.43	40.12	23.40	24.60

"天气"类目中记录 2013 年平均气温和降水量的数据表

法律和社会问题。书中插入了许多日期表和百姓常用统计数字，如"天气"类目下记录的 2013 年平均温度、极端天气和年降水量。每一卷的封底注明本册最有特色的内容，如孤星州独特的美食食谱、得克萨斯出产葡萄酒的庄园和酿酒厂、三冠马王 Assault 70 周年纪念和他的传奇故事等。

除目录以外，年鉴还设有总索引、表格索引和地图索引的检索形式。总索引在全书最后，将主题词按字母顺序排列。表格索引和地图索引在目录之后，按页码顺序将主题词分类目排列，方便读者快速查阅相关信息。

三 《得克萨斯州年鉴》的特点

1. 内容丰富、翔实，选取自由度大

《得克萨斯州年鉴》由历史比较悠久的出版商得克萨斯州历史协会出版，

该协会掌握的资源较为丰富，编辑的角度不囿于政府官方。如"讣告"类目中，将很多为本地做出过突出贡献和产生过重大影响的人物都收录在内，既有政要、教授、运动员，也有商人、作家、作曲家、演员、歌者、舞者等。而中国地方综合年鉴很少记述。并且《得克萨斯州年鉴》不回避"负面"信息，如对于"非法移民"的记述，非法移民是美国非常严重的社会问题，《得克萨斯州年鉴》把非法移民数量最多的 10 个州列表详细记录，并标示出得克萨斯州存在非法移民的具体人数。另外，《得克萨斯州年鉴》的内容大多以休闲娱乐性为选择标准，相对于中国的地方综合年鉴来说更具有平民性、实用性、科普性，内容包罗万象。

2. 统计图表占幅较大

《得克萨斯州年鉴》是一种以各种数据、图表为主要内容的便览工具书，表格、图表近千张，占全书篇幅的 60% 左右，文字叙述相对较少。有意思的是，《得克萨斯州年鉴》中的数据并不都是准确数字，如"娱乐"类目中狩猎收获的数据和"健康与科学"类目中药物用量的数据就是用的"估算"字样。与之相比，中国的地方综合年鉴文字叙述比较多，其表格、图表相对较少，而且数据来源均由政府统计部门出具。

● "健康与科学"类目中使用的"估算"数据表

2011~2012 年得克萨斯州及相邻各州药物的使用情况（估算）					
州名	违禁药物	大麻	非大麻[1]	烟	暴饮[2]
各州 12 岁以上的当前用药者[3]占总人口的比例					
美国	8.95	7.13	3.27	26.60	22.80
得克萨斯州	7.05	5.11	3.15	24.44	23.55
阿肯色州	7.55	5.30	3.83	31.62	20.42
路易丝安娜州	4.62	4.84	3.48	32.95	25.06

续表

州名	违禁药物	大麻	非大麻[1]	烟	暴饮[2]
俄克拉荷马州	8.36	6.04	3.70	35.11	21.78
新墨西哥州	11.28	9.14	3.85	26.07	21.38

①包括同时服用其他药物的大麻服用者。

②暴饮系指在过去 30 天内至少有 1 天在同一场合喝酒 5 杯及以上。

③一个月中至少用药一次。

资料来源：美国药物滥用与心理健康服务局（SAMHSA）举办的《2012 年全国药物使用和健康的年度调查》（NSDUH）。

3.地域特色突出

《得克萨斯州年鉴 2016-2017》把得克萨斯州文化多样性记录得十分详细，如"州旗与标志"类目下，不仅记录了得克萨斯州州歌、旗帜图案，还有州花和本地特有的动物等其他象征符号，并标注了本州各项事业在美国的排名。得克萨斯州很多地名受隶属墨西哥时期的影响，标准发音和口语发音不同。故年鉴在附录中加入了 2300 个地名的发音清单，方便读者使用。中国地方综合年鉴中几乎没有类似内容，如方言文化浓厚的广东、四川、浙江等地的省级综合年鉴中并未有详细介绍发音的内容。

❯❯杜京珊　北京市石景山区地方志编纂委员会办公室

老农夫年鉴

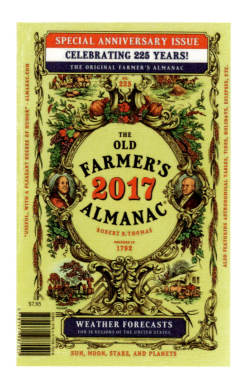

《老农夫年鉴（2017）》封面

一 《老农夫年鉴》发展概况

《老农夫年鉴》（*The Old Farmer's Almanac*）由罗伯特·托马斯（Robert B. Thomas）于1792年在美国新罕布尔州都柏林市创办，是世界上连续出版时间最久的年鉴，主要记录并预测天文事件（如日出日落）、潮汐、天气及其他自然现象，被称为北美洲最受欢迎的参考指南。

《老农夫年鉴》原名《农夫年鉴》，1832年改为现名。第二次世界大战后，《老农夫年鉴》进入增长和扩张期。20世纪90年代初，《老农夫年鉴》的发行数超过了400万册。近年来，《老农夫年鉴》出版更多产品。2005 年起，出版《老农夫年鉴·儿童版》，还出版与日常生活相关的各种日历、食谱、天气预报等等。《老农夫年鉴》还将过刊改为数字出版，既可以选择获得电子版，也可以通过数字出版技术获取纸版。同时，制作长期天气预报、天气历史及有关天气的建议和表格等，以电子版的形式出售。2013 年，更是打破"年鉴"常规，开始每月出版一期月历，以电子版的形式发售。另外，《老农夫年鉴》的网页也发挥了"中枢"的作用，在年鉴原有内容上提供更多更新鲜的信息。

二 《老农夫年鉴（2017）》介绍

● 《老农夫年鉴（2017）》目录

《老农夫年鉴（2017）》于 2016 年 6 月出版，分为精装和平装两个版本。平装版售价 7.95 美元，开本为 32 开（135mm×203mm），正文 304 页，前 112 页为彩色印刷，后面为黑白印刷，用纸也有所不同。2017 年的平装版在左上角打孔，方便读者将其悬挂或固定在某个地方。《老农夫年鉴》的封面于 1851 年就基本定型，将"四季"画在封面的四个角上，并将美国年鉴创始人本杰明·富兰克林和老农夫年鉴创始人罗伯特·托马斯的头像分别画在封面正中左右两侧。有了彩色印刷技术之后，《老农夫年鉴》一直采用黄色做封面底色。2017 年度的《老农夫年鉴》还在印刷上做了改进，专门设计了自定义字体。

2017 年，《老农夫年鉴》迎来 225 周年庆，周年庆是本卷年鉴的核心内容，共分为六个方面：第一是美国总统巴拉克·奥巴马的来信；第二是加拿大总理贾斯汀·鲁多的来信；第三是一篇名为"罗伯特·B.托马斯的光辉岁月"的文章，首次将托马斯先生自述呈现在读者面前；第四是"1793（老）农夫年鉴"部分内容，包括卷首、前言、食谱和日历页等；第五是一篇名为"225 年的爱、好运和传统"的文章，从前 224 期的相关专栏和传说故事中汲取灵感，将本年鉴历年来所记录的惊人事件、精准预测和深刻见解整合，成为关于《老农夫年鉴》的一部趣味编年史；第六是"21 世纪名人的直言评论集"，由编辑就《老农夫年鉴》及相关内容进行提问，节录许多名人的回答，回答者包括农业领袖、普利策获奖记者、著名主持人、环境保护领袖、知名企业家、美国驻联合国代表等等。

三 《老农夫年鉴》的特点

1. 新鲜

"天气"类目的体现最为突出。《老农夫年鉴》将如何预测天气的方法视为秘密，仅向读者透露是根据创始人托马斯在 1792 年发明的一套神秘的方程式完成的。《老农夫年鉴》对待这套方程式就像可口可乐公司对待其饮料的独特配方一样，成为其打造品牌的一个策略。这种营销手段多年持之以恒，为《老农夫年鉴》带来话题，也带来声誉。

多年来，《老农夫年鉴》的"天气"类目内容保持稳定，一般分为七部分。具体内容包括科普性质的文章、当年天气地图、当年整体预测、预测方法、上年的准确度、分地区天气预报等。"天气"类目是《老农夫年鉴》的核心竞争力，内容稳定，信息准确，每年更新，保证读者得到自己最需要的最新信息。

● 《老农夫年鉴》中最核心的天气预测内容

2016 年天气
总体天气预报

天气是由什么决定的？第 24 个太阳周期是 100 多年里太阳活动最小的，在 2011 年末和 2014 年初达到双峰后进入衰退阶段。随着 2019 年初太阳活动从低峰向最低点持续减弱，我们预计全国大部分地区将比去年冬天冷得多，但温度仍然高于正常水平。2016~2017 年冬季，北部、阿巴拉契亚山脊和伊利诺伊州北部的降雪量将高于正常水平，但其他地区降雪量将低于正常水平。

今年冬天，去年的超强厄尔尼诺转中等强度拉尼娜，源于加拿大的冷气团将南下进入美国。未来气候模式的其他重要因素包括持续

处于暖位相的大西洋多年代际振荡（AMO），处于冷位相的北大西洋振荡（NAO）以及处于暖位相初期的太平洋年代际振荡（PDO）。振荡是海洋大气耦合模式，可影响数周乃至数年的天气。

冬季 将比去年冷得多，但东部三分之二的大部分地区温度仍然高于正常水平。北达科他州至缅因州一带除外，该地温度将低于正常水平。大部分太平洋国家的温度均低于正常水平，而山间地区和沙漠西南部的温度高于正常水平。以下地区降雪将超过正常水平：从新英格兰南部和纽约西部向西南穿过阿巴拉契亚山脉，从明尼苏达州东部向东至密歇根上半岛、向南至密苏里州圣路易斯，从北达科他州中

部向西至太平洋。我们预计其他大多数降雪正常地区的降雪量将低于正常水平。美国南部三分之二的大部分地区降水将低于正常水平，北部地区高于正常水平，但加利福尼亚州北部、俄勒冈州南部、下湖区西部的部分地区和佛罗里达州除外。由于加利福尼亚州大部分地区降雨低于正常水平，该州的干旱还将持续。

春季 东北部和沙漠西南部地区的气温低于正常水平，但其他大多数地区高于正常水平。从上中西部向南至深南部地区、太平洋西北与山间地区，以及下湖区的春季降水将低于正常水平，其他地区则高于正常水平。

夏季 太平洋和山间各州的气温将高于正常水平，其他地区则低于正常水平。俄亥俄山谷、深南部、上中西部、腹地、高地、俄克拉何马州和得克萨斯州北部大部分地区的降雨量将低于正常水平，其他地区则接近或高于正常水平。

飓风季节 大西洋沿岸将比墨西哥湾沿岸更加活跃。重大飓风极有可能6月中旬侵袭佛罗里达至新英格兰区域，8月底9月初侵袭佛罗里达至北卡罗来纳州区域。

秋季 新英格兰南部至佛罗里达州地区、上中西部地区、得克萨斯州东部的气温将高于正常水平，其他地区则低于正常水平。佛罗里达州和东南部地区的降雨量将低于正常水平，其他地区则接近或高于正常水平。

2.实用

《老农夫年鉴》的实用性非常突出。"日历"类目是纯实用的类目。这个类目一般有五部分内容，第一部分是三年日历，仅占一页。第二部分是节假日和纪念活动，其中美国节日占一页，世界其他主要传统节日在另外一页上，占四分之一页，其中还注明了中国的春节。第三部分是当年的日历页，每月占2页，这也是全书最核心的内容。第四部分是潮汐时间表。第五部分是时间修正。其中第三部分日历页自 1792 年创刊以来就一直存在，而且基本保持不变，只是进行内容的更新。作为全书的核心内容，《老农夫年鉴》先用近 4 页的篇幅对如何使用这个日历进行介绍。

● 日历页中上半部分的文字

11 月

2016 年 11 月

　　星空观察 ☆ 11 月 2 日，日落之后 45 分钟时，月亮悬挂在土星和金星之上。本月回归金星上移，大部分地区轻易可见。本月 6 日，月亮高悬在金星之上，晚上位于正南方。本月 14 日，超 - 超级月亮将出现，这将是 1948 年 1 月 26 日至今月球离地球最近的一次。对大多数人来说，这将是他们一生中所看到的最大最亮的一次满月。15 日，对潮汐的影响尤其大。18 日，明亮的亏凸月将会影响我们观赏中等强度的狮子座流星雨。25 日，木星重新回到处女座处，月亮会挂在木星下方。木星在凌晨四点左右升起。

◑ 上弦　7 日 14 点 51 分
○ 满　　14 日 8 点 52 分
◐ 下弦　21 日 3 点 34 分
● 新　　29 日 7 点 19 分

　　《老农夫年鉴》除了内容设置方面十分实用之外，在形式方面也广泛采用了参见、互见等方式，将全书有关内容有机串联起来，有利于读者使用。如在"天气"类目内，其第二部分"冬 / 夏季天气地图"的图片说明和第三部分"一般天气预报"的文章，分别指明可以参见本类目的第四部分"如何预测天气"及第七部分"区域预报"，方便读者进一步获取信息。

- 日历页中下半部分的太阳和月亮运行数据表

东部标准时间 11 月 6 日凌晨 2 点以后
在 Almanac.com/Access 上将以下页面时间设置为您当地的邮政编码

每年的天数	每月的天数	每周的天数	日升时间时，分	升起方位	日落时间时，分	落下方位	日长时间时，分	日照时间分	太阳赤纬度，角分	波士顿高潮时间	月升时间时，分	升起方位	月落时间时，分	落下方位	观月天文地点	月龄

Get these pages with times set to your zip code at Almanac.com/Access.

Day of Year	Day of Month	Day of Week	☼ Rises h. m.	Rise Key	☼ Sets h. m.	Set Key	Length of Day h. m.	Sun Fast m.	Declination of Sun ° ′	High Tide Times Boston		☾ Rises h. m.	Rise Key	☾ Sets h. m.	Set Key	☾ Astron. Place	☾ Age
1	1	**A**	7:13	E	**4:23**	A	9 10	12	22s.56	1	**1**	9:16	E	**7:59**	C	CAP	3
2	2	M.	7:13	E	**4:24**	A	9 11	12	22 50	1¾	**1¾**	9:52	E	**9:02**	C	AQU	4
3	3	Tu.	7:13	E	**4:24**	A	9 11	11	22 44	2½	**2½**	10:25	D	**10:07**	D	AQU	5
4	4	W.	7:13	E	**4:25**	A	9 12	11	22 38	3¼	**3½**	10:57	D	**11:13**	D	AQU	6
5	5	Th.	7:13	E	**4:26**	A	9 13	10	22 31	4	**4¼**	11:30	C	—	–	CET	7
6	6	Fr.	7:13	E	**4:27**	A	9 14	10	22 24	5	**5¼**	**12:04**	C	12:21	E	PSC	8
7	7	Sa.	7:13	E	**4:28**	A	9 15	9	22 16	5¾	**6½**	**12:41**	C	1:31	E	CET	9
8	8	**A**	7:13	E	**4:29**	A	9 16	9	22 08	6¾	**7½**	**1:22**	C	2:41	E	ARI	10
9	9	M.	7:13	E	**4:30**	A	9 17	9	21 59	7¾	**8½**	**2:10**	B	3:52	E	TAU	11
10	10	Tu.	7:12	E	**4:32**	A	9 20	8	21 50	8¾	**9½**	**3:04**	B	5:00	E	TAU	12
11	11	W.	7:12	E	**4:33**	A	9 21	8	21 41	9¾	**10½**	**4:04**	B	6:03	E	ORI	13
12	12	Th.	7:12	E	**4:34**	A	9 22	7	21 31	10½	**11¼**	**5:09**	C	7:00	E	GEM	14
13	13	Fr.	7:11	E	**4:35**	A	9 24	7	21 21	11½	—	**6:16**	C	7:49	E	CAN	15
14	14	Sa.	7:11	E	**4:36**	A	9 25	7	21 10	12	**12¼**	**7:23**	C	8:32	E	CAN	16
15	15	**A**	7:11	E	**4:37**	B	9 26	6	20 59	1	**1¼**	**8:28**	C	9:08	E	LEO	17
16	16	M.	7:10	E	**4:38**	B	9 28	6	20 48	1¾	**2**	**9:31**	D	9:41	D	LEO	18
17	17	Tu.	7:10	E	**4:40**	B	9 30	6	20 36	2½	**2¾**	**10:32**	D	10:11	D	VIR	19
18	18	W.	7:09	E	**4:41**	B	9 32	5	20 23	3¼	**3¾**	**11:31**	D	10:40	C	VIR	20
19	19	Th.	7:08	E	**4:42**	B	9 34	5	20 11	4¼	**4½**	—	–	11:09	C	VIR	21
20	20	Fr.	7:08	E	**4:43**	B	9 35	5	19 58	5	**5½**	12:29	E	11:39	C	VIR	22
21	21	Sa.	7:07	E	**4:45**	B	9 38	4	19 44	6	**6½**	1:26	E	**12:10**	C	LIB	23
22	22	**A**	7:06	E	**4:46**	B	9 40	4	19 30	6¾	**7½**	2:22	E	**12:45**	B	LIB	24
23	23	M.	7:06	E	**4:47**	B	9 41	4	19 16	7¾	**8¼**	3:17	E	**1:24**	B	OPH	25
24	24	Tu.	7:05	E	**4:48**	B	9 43	4	19 02	8½	**9**	4:11	E	**2:07**	B	OPH	26
25	25	W.	7:04	E	**4:50**	B	9 46	3	18 47	9¼	**9¾**	5:02	E	**2:56**	B	SAG	27
26	26	Th.	7:03	E	**4:51**	B	9 48	3	18 32	10	**10½**	5:50	E	**3:49**	B	SAG	28
27	27	Fr.	7:02	E	**4:52**	B	9 50	3	18 16	10¾	**11¼**	6:35	E	**4:48**	B	SAG	0
28	28	Sa.	7:01	E	**4:53**	B	9 52	3	18 00	11¼	12	7:16	E	**5:49**	C	CAP	1
29	29	**A**	7:00	E	**4:55**	B	9 55	3	17 44	**12**	—	7:53	E	**6:53**	C	CAP	2
30	30	M.	6:59	E	**4:56**	B	9 57	3	17 27	12½	**12¾**	8:28	D	**7:59**	D	AQU	3
31	31	Tu.	6:58	E	**4:57**	B	9 59	2	17s.11	1¼	**1½**	9:01	D	**9:06**	D	AQU	4

3. 有趣

《老农夫年鉴》刊登的文章许多是新鲜而有趣的。这可以从它的征稿说明中得以体现："我们特别鼓励各式各样的幽默：幻想的、奇异的、滑稽的、古怪的等等。最好的幽默可能是一个用心讲好的真实故事，比如把耳垢当润唇膏来用，如何催眠一只小鸡、龙虾或青蛙，用调料（看包装）烹饪，以及如何根据猪脾气的变化预测天气。我们也欢迎那些鲜为人知的资料。比如，我们介绍了第一个用桶漂流过尼雅加拉大瀑布的女性，能读懂人类想法的狗，以及宠物英雄等。"

《老农夫年鉴》的互动性很强，这也给阅读带来了许多趣味性。如 2017 年版《老农夫年鉴》刊登了其年度征文活动中获奖的四篇文章；还刊登有关农耕、烹饪、运动的谚语题，答案在本书的另页，既与主题相关，又充满趣味。

● 日历页中每个月每一天的重要气象和大事件表

The fresh New Year, the bright New Year
That telleth of hope and joy, my dear! –Bryan Waller Procter

Day of Month	Day of Week	Dates, Feasts, Fasts, Aspects, Tide Heights	Weather
1	A	New Year's Day • Holy Name • ☌♂♆ • *One minute of patience, ten years of peace.*	*An*
2	M.	☾ AT ☋ • ☌♀☾ • ☌♆☾ • Tides {9.4 10.3	*inkling*
3	Tu.	☌♂☾ • Writer J.R.R. Tolkien born, 1892 • Tides {9.5 10.1	*of*
4	W.	St. Elizabeth Ann Seton • ☾ ON EQ. • ⊕ AT PERIHELION	*sprinkling;*
5	Th.	Twelfth Night • ☌♅☾ • First Trans-Pacific (Calif. to Hawaii) cable opened to public use, 1903	*warmer*
6	Fr.	Epiphany • Clarence King, founder of the U.S. Geological Survey, born, 1842 • {10.0 9.5	*than*
7	Sa.	Distaff Day • ☌♇☉ • Tom Seaver elected to Baseball Hall of Fame, 1992 • {10.3 9.5	*you'd*
8	A	1st S. af. Ep. • ☿ STAT. • Astronomer Galileo died, 1642	*guess.*
9	M.	Plough Monday • 5.7 earthquake struck Miramichi, N.B., 1982 • Tides {11.0 9.8	*Flurrier—*
10	Tu.	☾ AT PERIG. • Frontiersman Buffalo Bill Cody died, 1917 • Tides {11.4 10.0	*visit a*
11	W.	☾ RIDES HIGH • U.S. statesman Alexander Hamilton born, 1757 • Tides {11.7 10.2	*furrier!*
12	Th.	Full Wolf ○ • ☌♀♆ • ♀ GR. ELONG. (47° EAST) • Tides {11.8 10.4	*Sunny*
13	Fr.	St. Hilary • *The road to success is lined with many tempting parking spaces.* • {11.8 —	*skies.*
14	Sa.	Astronomer Edmond Halley died, 1742 • {10.4 11.6	*What*
15	A	2nd S. af. Ep. • ☾ AT ☊ • 2" snow, Los Angeles, Calif., 1932	*a*
16	M.	Martin Luther King Jr.'s Birthday, observed • Ivan the Terrible crowned first Russian czar, 1547	*mess!*
17	Tu.	☾ ON EQ. • U.S. statesman Benjamin Franklin born, 1706 • St. Elmo's fire, Conn. River Valley, 1817	*Milder,*
18	W.	Poet Rubén Darío born, 1867 • Yellowknife became capital of N.W.T., 1967 • Tides {9.6 9.4	*then*
19	Th.	☌♃☾ • ☿ GR. ELONG. (24° WEST) • *Wind from the north, cold and snow.* • {9.3 8.8	*turning*
20	Fr.	74-lb. striped bass caught near Cape Henry, Va., 2012	*wilder,*
21	Sa.	☾ AT APO. • First commerical extraction of magnesium from seawater began, Freeport, Tex., 1941	*with*
22	A	3rd S. af. Ep. • –4°F to 45°F in 2 minutes due to chinook, Spearfish, S.Dak., 1943	*hours*
23	M.	Charles Curtis first of Native American descent to be elected as U.S. senator, 1907 • {9.2 8.2	*of*
24	Tu.	☌♄☾ • January thaw traditionally begins about now. • Tides {9.4 8.4	*snow*
25	W.	Conversion of Paul • ☾ RUNS LOW • ☌☿☾ • Tides {9.7 8.7	*showers.*
26	Th.	Sts. Timothy & Titus • ☌♇☾ • Tides {10.0 9.0	*Tapering*
27	Fr.	New ● • Writer Lewis Carroll born, 1832 • {10.3 9.3	*off*
28	Sa.	St. Thomas Aquinas • Chinese New Year (Rooster) • {10.5 9.5	*while*
29	A	4th S. af. Ep. • ☾ AT ☋ • ☌☿♇ • Tides {10.7 —	*kids*
30	M.	☌♆☾ • *No snowflake ever falls in the wrong place.* • {9.8 10.7	*are*
31	Tu.	☌♀☾ • ☌♂☾ • Raccoons mate now. • {10.0 10.6	*capering.*

》刘书峰　中国传媒大学

卢埃林草药年鉴

一 《卢埃林草药年鉴》发展概况

《卢埃林草药年鉴》（Llewellyn's Herbal Almanac）创刊于 2001 年，由美国卢埃林公司编辑并出版，每年一卷，主要登载草药的配方、工艺、园艺技巧、知识、传说等内容。

卢埃林公司是全世界历史最悠久、最大的身、心、灵主题图书的独立出版商，由卢埃林·乔治（Llewellyn George）于 1901 年在美国创立。卢埃林公司自创立初期就专注于出版年刊（Annuals），

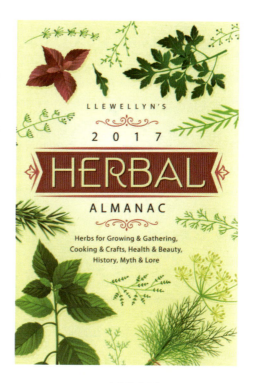

《卢埃林草药年鉴（2017）》封面

20世纪90年代开始出版年鉴。2001年，为满足越来越多的应用、种植、采摘以及研究草药的读者需求，推出《卢埃林草药年鉴》。现在，卢埃林公司共有《卢埃林草药年鉴》《卢埃林魔法年鉴》（Llewellyn's Magical Almanac）、《卢埃林女巫集会年鉴》（Llewellyn's Sabbats Almanac）、《卢埃林女巫符咒年鉴》（Llewellyn's Witches' Spell-A-Day Almanac）四部年鉴产品。另有《卢埃林草药年鉴食谱》（Llewellyn's Herbal Almanac Cookbook），即从《卢埃林草药年鉴》中摘取的烹饪食谱和文章的汇编，以及各种日历和日记书。

二 《卢埃林草药年鉴（2017）》介绍

● 《卢埃林草药年鉴（2017）》目录

《卢埃林草药年鉴（2017）》于 2016 年 7 月出版，售价 11.99 美元。开本为 32 开（134mm×203mm），共 311 页，封面保持了单一底色配本卷中所介绍的一些草药图片的清新设计。全书采用轻质纸张，黑白印刷，简单大方，便于阅读和携带。

在内容上，全书共有31篇文章和2个表格，不分类目，配有简单的插图。文章不拘于年度时限，而表格反映的是2017年的月相和除草除虫日期。每篇文章均由作家、艺术家、宗教人士、占星学者、园艺家、草药医生等身份的专门作者供稿，文章后附有作者的简介。文章的体裁以说明为主，穿插有叙事和传说，文风生动、风趣。具体包括一米园地的种植、自然虫害控制；如何手工制作饮料和烈酒、如何制作蔓越莓酱；如何用天然成分制作化妆品、哪些草药可以减轻压力；如何用杂草造纸、如何用植物配制香料；草药的词源、草药的古史；1月至12月的月相表等。收录了洋甘菊、薄荷、鼠尾草、罂粟、茄属植物、黄芪、杏树、姜黄、藏红花、有用野草、酒椰等诸多草药，其生长地区以美国为主，也涉及世界其他地区。

● 年鉴文章中介绍的制酒方法

水果甜酒酿制

甜酒酿制工艺需要时间、耐心和优质原料。准备1夸脱的玻璃广口瓶或梅森玻璃瓶、新鲜水果、糖和优质酒。瓶子和瓶盖用热水清洗并风干或使用洗碗机程序清洗。水果冲洗后用毛巾擦干，按指示压碎或切碎。开始酿制前要仔细称量各种原料，准备好所有材料，烹饪界称之为"mise en place"（法语词，意为"餐前准备"）。餐前准备可以让一切井然有序，不会遗漏任何原料。

首先，备好水果（配比如下），称量原料。水果舀入1夸脱的梅森玻璃瓶中，使用灌装漏斗可避免溅洒。加糖，慢慢地倒入伏特加直至距瓶顶一英寸处，倒的时候用餐刀搅拌来减少气泡，拧上盖子并摇匀。将罐子放在厨房柜台上，避免阳光直射，每天大力摇匀两次。糖要数天才能完全溶化，有一点糖渣是正常的。

3~4周甜酒便可酿制好。酿好的甜酒色泽深沉，味道浓郁。用细筛或粗棉布过滤后倒入干净碗中，然后装入装饰瓶或醒酒瓶中。冰箱存放，饮用前拿出缓至常温。甜酒放置多年均可饮用，但放置得越久，酒精含量越高，味道也愈加浓烈，开瓶后最好在数周内喝完。

蔓越莓甜酒

切碎或粉碎的蔓越莓：2杯

糖：1杯

伏特加：约1杯，或视梅森瓶容量而定

酿制时间为4~6周。此款甜酒最适合假期饮用，酿制用酒中可加入少量朗姆酒。

甜酒也可添加白兰地或其他烈酒。酿制白兰地樱桃甜酒时，采用核果配方，同时加入1/4杯白兰地和3/4杯伏特加后盖紧，每2天摇匀一次，酿制时间为2~3个月。酿制甜酒的乐趣之一便是不断尝试自己喜爱的配方。

甜酒还可用草本植物和香料来调味。为了达到最佳口味，尽量选用有机的整粒香料，不要用粉末状香料：八角茴香、多香果、肉桂棒、丁香粒、姜片或姜糖、小豆蔻等。因为整粒香料便于增减用量，调节口味。

酿制过程中如无必要尽量不要开启甜酒瓶，防止空气中的细菌和霉菌进入酒中。同时大约每个星期用干净的小勺尝味。了解味道的变化是一名新手酿酒师的必修课之一。

用作开胃酒或祝酒时，将甜酒倒入精致的醒酒瓶里。把一勺甜酒拌入自己喜爱的醋汁中，倒入冰淇凌中，或调制一份美味奶昔。一大杯热巧克力中拌入一点覆盆子或樱桃甜酒堪称人间美味！

在卢埃林官网（www.llewellyn.com）和美国亚马逊网站上都可以购买到这本年鉴。

三 《卢埃林草药年鉴》的特点

1. 贯穿全书的理念

《卢埃林草药年鉴》的封面上写着这样一句话："通过草药重建与大地之间的联系"，可以看作是《卢埃林草药年鉴》的编写主旨。在这本年鉴中，草药并不只是书写对象，且被赋予了思想意义。对于生长、星月、历史的记录，以及每篇文章对于草药描写的字句间，无不渗透着自然力量的推崇，作者们都在极力向读者表达着从自然中得到的灵感，以帮助人们达到疗愈身心的目的。与中国年鉴讲求述而不论、保持中立有别，《卢埃林草药年鉴》是蕴涵态度和情感的，贯穿始终的自然、精神与人体健康的理念传递，使《卢埃林草药年鉴》成为一本具有"灵魂"的年鉴。这不仅是西方年鉴原始形态"历书"成分的痕迹遗留，更使人们看到了与中国传统医学相同的对于植物药用功效的利用，及"天人合一"观念上的共通之处。

2. 实用性与趣味性

实用和有趣是相当数量的国外年鉴的共同特点。因为有用和可读是人们乐于接受年鉴的根本原因，尤其是对于多数市场化经营的国外年鉴而言，这是他们的立身之本，因此亦可以看作是市场化年鉴的本位特点。日常医药本身就是一个与人们生活紧密相关的实用性主题，因而使其成为同天文、农业等并列的西方年鉴的早期主要题材之一，如 1860 年英国出版的《老月年鉴》（*Old Moon's Almanac*），即是流行一时的家庭医疗手册。在实用性方面，《卢埃林草药年鉴》的 6 个栏目中，有 5 个栏目是教给读者如何种植和使用草药的。在趣味性方面，不仅体现在内容上，如有古史、神话、传说以及有意思的烹饪和手工艺方法等内容，还体现在文章的文学性表述方式上，如"香草园可以成为一个强大的昆虫""如果你有喜欢通过吃入侵植物来拯救地球的想法""比阿特丽克斯·波特的故事有一种芬芳"等随处可见的笔法，这与中国年鉴所要求的直陈其事、无描写评论的风格迥然相异。相较而看，与之主题最近的中国专业年鉴《中国中医药年鉴》，由国家中医药管理局主办，分为行政和学术两卷，主要反映中国中医药各机构的工作情况和学术理论成果，体现了严肃性、工作性、资料性等特点。而《卢埃林草药年鉴》则更像是一部连年出版的生活化主题读物。

3. 特色显著的全方位产品

卢埃林公司是一家资深的图书出版商，《卢埃林草药年鉴》只是其产品之一。与其他许多公司的年鉴经营逐渐式微甚至停刊相比，《卢埃林草药年鉴》反而逆势而上，是近年来推出的新产品，这也说明了其所具有的市场需求与生命力。在"自然""神奇"的核心特色下，卢埃林公司出版有占星术、占卜、塔罗牌、宗教、健康与治疗、魔法、超自然现象、超心理学等多个方面的图书（包括年鉴和日历），还开发了布袋、贺卡、磁铁、鼠标垫、包装纸等礼品，形成了全方位产品系列和专业化经营模式，能够满足此领域爱好者的多样需求。《卢埃林草药年鉴》借助这一整体平台，更有利于获得和扩展受众。

4. 完善的网络建设

介绍《卢埃林草药年鉴》的官方网站即卢埃林公司的官网，设计合理，内容非常丰富。其首页设置了"产品浏览""作者""文章""博客""百科全书""通讯"几大板块。读者可以看到《卢埃林草药年鉴》的最新出版信息和内容简介。此外，网站还提供了产品和文章的排行榜，供稿作家的介绍、采访记录、相关新闻和其文章，公司发展大事件，产品销售，在线塔罗牌预测等。此外，卢埃林在 Facebook、Twitter、YouTube 上都建有账号。读者通过网络，可以完成查询、阅读、购买、互动、联系等所有事情。

> ≫ 王韧洁　北京市地方志编纂委员会办公室

国家地理儿童年鉴

一 《国家地理儿童年鉴》发展概况

《国家地理儿童年鉴》（*National Geographic Kids Almanac*）由美国国家地理学会主办，创刊于 2009 年，每年上半年出版一卷。

美国国家地理学会（*National Geographic Society*）创建于 1888 年 1 月，现已成为全球最大的非盈利科学和教育组织。1888 年 10 月，新成立的学会推出官方刊物《国家地理》。至今，已用英文和另外 33 种不同语言在全球范围出版，成为世界著名刊物。2001 年，美国国家地理学会推出《国家地理·少儿版》。2009 年，首次推出《国家地理儿童年鉴（2010）》，此后开始逐年编辑出版。该年鉴与《国家地理》杂志一样，主题集中于环境、物种、风土人情、历史等，还涉及新产品、新技术在当今社会中的应用。年鉴刊载大量高质量图片，文字浅显易懂，并具有文学特质，旨在鼓励年轻的冒险家们通过年鉴、游戏、视频和网站来探索世界、增长科学和自然等方面的知识，适合 6 岁及以上的儿童阅读。

二 《国家地理儿童年鉴（2017）》介绍

《国家地理儿童年鉴（2017）》于 2017 年 1 月出版，分精装和简装两版，简装版年鉴开本为大 32 开（152mm×228mm），共 352 页，售价 14.99 美元，可通过官方网站（www. natgeokids.com/almanac）和杂志摊等途径订阅印刷版或电子版。全书色彩艳丽，封面延续《国家地理》的标志性设计——四周为象征着一扇开启外部世界窗户的亮黄色边框（也是《国家地理》注册商标），边框中是一幅精美的树袋熊图片。这既保持了美国国家地理协会出版物的一贯风格，使读者能够快速辨识，也非常吸引儿童的注意。

该卷年鉴共包含"你的世界 2017""神奇动物""走向绿色""文化链接""美妙冒险""趣味游戏""超级科学""自然奇观""历史回顾""地理岩石"10 个类目，采用叙事和说明两种体裁，文字简短，文风生动、活泼。除 2016 年全球粮食浪费情况、2017 年热门儿童电影和 2017 年将要进行的"酷事"等少量内容外，其他内容均不拘于时限。所载内容丰富，主要介绍动物、自然、文化、科学、历史等领域的知识。其中，"地理岩石"类目占据篇幅最多，系统详细地介绍了各种类型的地图，七大洲、全球 195 个国家和美国 50 个州的简要情况。整卷年鉴在知识介绍中穿插有各类故事、传记、轶事、信息链接、笑话、漫画等，每一页都变换不同的版面设计，配以整版绚丽的颜色和大小不一的图片。另外设置了选择题、拼词、迷宫、趣味完形填空、看图猜词、看图找图片 6 种共 19 个互动游戏，充分调动儿童这一特殊读者群的阅读兴趣。年鉴最后是文章、地图、照片的作者名单。该卷年鉴还被评为《纽约时报》畅销书。

三 《国家地理儿童年鉴》的特点

1. 定位儿童

《国家地理儿童年鉴》是专门为儿童这一读者群所编写的年鉴,读者群定位细化且种类广泛,是美国作为"年鉴大国"的体现之一。在这方面,美国著名的《世界年鉴》和《老农夫年鉴》也均有同样定位的儿童版年鉴,而中国现今出版的年鉴当中,则尚付阙如。《国家地理儿童年鉴》封面所印的《国家地理》的标志性黄色边框,是开启外部世界窗户的象征,可以说,年鉴中每一页变化多端的版面设计、绚丽的色彩和大小相间的精美图片,都是为儿童打开的一个新奇世界,很好地把握了儿童的视觉感知、注意力和审美感等特点。在文字上,每个篇幅基本控制在 300 词以内,语气诙谐。另穿插有互动游戏、漫画、笑话等娱乐形式,增添儿童的兴趣,满足儿童的好奇心和求知欲。

2. 蕴含教育

《国家地理儿童年鉴》整体内容不限于年度时间,类似于教材和百科全书,介绍了生物、地理、历史、文化、生存技能等方面系统、全面的知识,如2017 卷中讲述挽救地球的 6 个步骤、生命的种类、宇宙的起源、野外冒险、美国历任总统、七大洲四大洋概况等,体现了美国重视儿童自我认知、自然认知和社会认知的教育思想。年鉴中,在每个类目的最后设有本类目所讲知识的测试题,培养儿童观察和分析的能力。中美比较学前教育研究专家李敏谊曾对中国引进出版的《世界儿童年鉴·美国儿童创意教育系列》做出评价:"它原汁原味地展示了美国的儿童在学什么,帮助我们重新审视和反思中国的儿童教育理念、方式和内容。"这同样适用于《国家地理儿童年鉴》。

3. 创新网建

《国家地理儿童年鉴》的网站（natgeokids.com/almanac）同实体书一样色彩丰富，设有视频、游戏、动物、商店和订阅5大板块，界面简单大方，图片生动形象，文字简洁精练。最新版的年鉴醒目显示在网站首页，支持订阅。针对儿童的特点，网站创新开发了多种游戏和视频，读者通过玩游戏和观看视频等形式，可以了解更多的有趣事件、动物及各种自然界的神奇内容。

❯❯刘江霞　首都经济贸易大学

❯❯王韧洁，北京市地方志编纂委员会办公室

欧 洲 篇

惠特克年鉴

一 《惠特克年鉴》发展概况

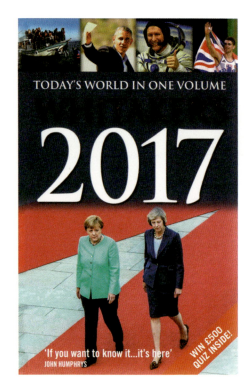

《惠特克年鉴（2017）》封面

《惠特克年鉴》（*WHITAKER'S*）原名 *WHITAKER'S ALMANACK*，2013 年出版 2014 卷时，去除了"ALMANACK"一词。因为在英国，一提起"惠特克"，大家都知道是指《惠特克年鉴》，去掉"年鉴"一词更有利于突出"惠特克"的品牌效应。年鉴由英国文物收藏者协会会员乔瑟夫·惠特克（Joseph Whitaker）于 1868 年 12 月 10 日创刊出版，此后一直由惠特克家族成员编写至 1950 年，即使是在

1940 年的伦敦大轰炸期间，依然保持了正常出版。1997 年，被英国布卢姆斯伯里出版公司（Bloomsbury Publishing）从惠特克父子手里收购，出版至今。

1868 年创刊的《惠特克年鉴》中写道："这本年鉴基本上是家庭用书。它的知识包括季节变化过程、天文现象，我国的宪法以及教会、法律、海军和军事系统的统计资料。除了以不同寻常的全面和完整的方式给出这些信息，读者还将发现迄今为止很难获得的其他重要的资料。例如，公共收入和支出情况，上届议会会议情况，年度的科学发现和发明，全国的贸易、商业、金融情况，城市和社会机构的情况……印度、澳大利亚、加拿大和其他领地的简要介绍，以及其他国家的类似介绍。"基于这样的定位和内容，该年鉴取得了巨大的成功，1868 卷累计印制 6 万余册，现在仍然在其网站（www.bloomsbury.com）上有复制版本销售，售价为 19.99 英镑。现在，该年鉴已经成为英国最有名的年鉴之一。

二 《惠特克年鉴（2017）》介绍

● 《惠特克年鉴（2017）》目录

《惠特克年鉴（2017）》出版于 2016 年 11 月 17 日，售价 85 英镑。年鉴封面采用硬壳圆脊精装彩印，尺寸约为 153mm×235mm，由年度内发生的各领域国际大事为主题的一幅大图和四幅小图组成，年鉴名称居中醒目，其上写有一行文字"天下大事尽收一册"，底部写有"您想了解的均在此册"，封底特别点出了本卷的重要更新内容。封二和封三上，对年鉴内容分类进行了目录式的简介，其分类与正文类目设置有交叉，但并不完全相同，也没有完全体现正文的内容，排列次序也不同于目录的次序，只是选择了部分重点。全书从扉页起统一编排页码，共 1184 页，均为黑白印刷；彩插共 24 页，不纳入页码。全书厚度约 45mm，正文厚度约 38mm。

　　扉页仍然沿用 1868 年创刊时的传统设计，特意强调了年鉴有索引近 7500 条。目录仅 2 页，所有的类目、分目均有，按页码次序排列，但次分目是不全的。例如英国类目下的防卫分目，目录页仅有服务收入一个次分目，但实际上还有皇家海军、陆军、皇家空军三个次分目，而且服务收入还是最后一个次分目。每一类目之前，有 1 页目录，包括了该类目下所有的分目，但并无页码。目录后紧跟的是主编写的序言，简要回顾了上一年度英国的主要大事，并介绍了 2017 年卷的特点，特别是强调了其第一次推出的在线版本。序言背面是封面图片介绍、年鉴资料来源和编辑人员名单。

● 自 1868 年沿用至今的扉页设计

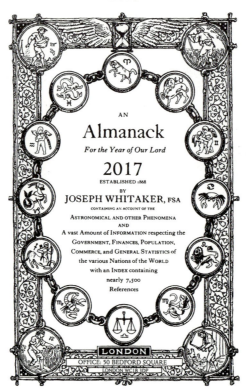

The traditional design of the title page for Whitaker's Almanack which has appeared in each edition since 1868

正文部分共 5 个类目，其中"联合王国"类目为主体内容，占到全书的 49%，收录了英国皇室、政府、社会、宗教、法律、金融等方面的资料，内容丰富、介绍详尽，部分资料追溯至 18 世纪，但经济部分追溯不多，多数为 5 年左右的资料。"世界"类目占到了全书的 23%，内容包括对各个国家自然、政治、经济等概况的介绍，相对比较简单，内容也相对比较滞后，很多资料仅到 2013 年，还有些是估算数。

年鉴的最后是缩写对照表和索引，其中索引 44 页。随书有活页 2 张，一张是赢取 500 英镑奖金的测验题，一张为授权银行直接扣款订购年鉴的授权书。

三 《惠特克年鉴》的特点

《惠特克年鉴》作为英国著名的年鉴，之所以能长盛不衰，与其具有鲜明的自身特点有很大关系。

1. 内容定位清晰

2017 卷的封底写道："《惠特克年鉴》是最权威的单卷本参考资料，其中包含成千上万英国和全世界的事实、数字、概述和统计数据。……这是关于未来一年中事实和指导的最终书籍。"正是在这样的定位之下，从资料断限看，该年鉴并不像中国的各类年鉴以上一年度资料为主，而是主体资料没有明确的断限，主要收录在 2017 年仍然有作用的资料；从资料形式看，《惠特克年鉴》不同于美国的《世界年鉴》，其图表较少，文字性资料多，而且追溯内容少；从资料内容看，英国本国的资料最多、最新，外国资料相对有限，而且比较陈旧；从资料排序看，把与 2017 年关系最密切的资料放在了全书的最前面，而对 2015 年 8 月至 2016 年 7 月大事的回顾则放在了倒数第二个类目。该年鉴在资料上的种种处理方式，充分体现了其作为未来一年参考资料的精准定位。

2. 读者定位清晰

《惠特克年鉴》的读者定位显然是英国的普通公民，所以处处体现着为他们服务的理念。如对英国皇室的内容记述相当详细，体现了英国人对皇室事务的关心；"大选结果"详细记述每个选区的选举情况，包括得票率、每个人的得票数；"警察服务"记述了警察局的地址、电子邮件、网址、电话等信息；"高校"记述了学校的收费标准；"货币"部分详细记述了硬币的标准，包括重量和大小；"银行"部分记述了 10 年来的利率变化情况；"海外旅行"详细介绍了护照的办理地点、办理要求，包括成人和儿童的不同要求等等。该年鉴不仅收录了丰富的内容，还设置了赢取 500 英镑的奖金测验活动，加强与读者的互动。测验题共有 20 道，答案均在年鉴内可以找到，每年从全部答对者中抽取一人获得 500 英镑的奖金、抽取十人获得一本下一卷的年鉴。如果读者在购买本卷年鉴的同时就订购下一卷的年鉴，可以获得 25% 的折扣。正是通过内容方面的设置以及与读者的互动和开展优惠活动，该年鉴受到了读者的广泛欢迎。

3. 工具书特点鲜明

以 2017 卷为例，虽然厚达 1184 页，但没有像中国众多年鉴一样使用大开本，因为小开本更便于读者携带和使用。全书也并未大量使用照片，仅封面有图片 5 张，其中 2 张还是国外的，有力地突出了其资料价值；虽有 24 页彩插，但 18 页是地图、4 页是各国国旗（含个别地区旗帜）、1 页是英国脱欧投票情况、1 页是 2016 年地方政府选举情况，全都是具有很高资料价值的内容，并没有中国年鉴常见的大楼、会议、风景等照片。封二、封三、封底都被用来介绍年鉴内容，且与目录形成一定的互补，更方便读者了解年鉴内容，其资料容量远远超过中国类似的年鉴。充分利用日历的规律性，仅用 4 页 13 个表格就刊登了1780~2040 年的日历，这在中国年鉴中是不可想象的。索引总量有近 7500 条。

《惠特克年鉴》的这三个特点是值得中国年鉴界认真学习和深入思考的。

或许，在我们认真阅读该年鉴后，会发现更多值得我们关注的方面。

● 年鉴中 1780~2040 年日历节选

CALENDAR FOR ANY YEAR 1780–2040

To select the correct calendar for any year between 1780 and 2040, consult the index below

* leap year

1780 N*	1813 K	1846 I	1879 G	1912 D*	1945 C	1978 A	2011 M
1781 C	1814 M	1847 K	1880 J*	1913 G	1946 E	1979 C	2012 B*
1782 E	1815 A	1848 N*	1881 M	1914 I	1947 G	1980 F*	2013 E
1783 G	1816 D*	1849 C	1882 A	1915 K	1948 J*	1981 I	2014 G
1784 J*	1817 G	1850 E	1883 C	1916 N*	1949 M	1982 K	2015 I
1785 M	1818 I	1851 G	1884 F*	1917 C	1950 A	1983 M	2016 L*
1786 A	1819 K	1852 J*	1885 I	1918 E	1951 C	1984 B*	2017 A
1787 C	1820 N*	1853 M	1886 K	1919 G	1952 F*	1985 E	2018 C
1788 F*	1821 C	1854 A	1887 M	1920 J*	1953 I	1986 G	2019 E
1789 I	1822 E	1855 C	1888 B*	1921 M	1954 K	1987 I	2020 H*
1790 K	1823 G	1856 F*	1889 E	1922 A	1955 M	1988 L*	2021 K
1791 M	1824 J*	1857 I	1890 G	1923 C	1956 B*	1989 A	2022 M
1792 B*	1825 M	1858 K	1891 I	1924 F*	1957 E	1990 C	2023 A
1793 E	1826 A	1859 M	1892 L*	1925 I	1958 G	1991 E	2024 D*
1794 G	1827 C	1860 B*	1893 A	1926 K	1959 I	1992 H*	2025 G
1795 I	1828 F*	1861 E	1894 C	1927 M	1960 L*	1993 K	2026 I
1796 L*	1829 I	1862 G	1895 E	1928 B*	1961 A	1994 M	2027 K
1797 A	1830 K	1863 I	1896 H*	1929 E	1962 C	1995 C	2028 N*
1798 C	1831 M	1864 L*	1897 K	1930 G	1963 E	1996 D*	2029 C
1799 E	1832 B*	1865 A	1898 M	1931 I	1964 H*	1997 G	2030 E
1800 G	1833 E	1866 C	1899 A	1932 L*	1965 K	1998 I	2031 G
1801 I	1834 G	1867 E	1900 C	1933 A	1966 M	1999 K	2032 J*
1802 K	1835 I	1868 H*	1901 E	1934 C	1967 A	2000 N*	2033 M
1803 M	1836 L*	1869 K	1902 G	1935 E	1968 D*	2001 C	2034 A
1804 B*	1837 A	1870 M	1903 I	1936 H*	1969 G	2002 E	2035 C
1805 E	1838 C	1871 A	1904 L*	1937 K	1970 I	2003 G	2036 F*
1806 G	1839 E	1872 D*	1905 A	1938 M	1971 K	2004 J*	2037 I
1807 I	1840 H*	1873 G	1906 C	1939 A	1972 N*	2005 M	2038 K
1808 L*	1841 K	1874 I	1907 E	1940 D*	1973 C	2006 A	2039 M
1809 A	1842 M	1875 K	1908 H*	1941 G	1974 E	2007 C	2040 B*
1810 C	1843 A	1876 N*	1909 K	1942 I	1975 G	2008 F*	
1811 E	1844 D*	1877 C	1910 M	1943 K	1976 J*	2009 I	
1812 H*	1845 G	1878 E	1911 A	1944 N*	1977 M	2010 K	

A

	January	February	March
Sun.	1 8 15 22 29	5 12 19 26	5 12 19 26
Mon.	2 9 16 23 30	6 13 20 27	6 13 20 27
Tue.	3 10 17 24 31	7 14 21 28	7 14 21 28
Wed.	4 11 18 25	1 8 15 22	1 8 15 22 29
Thur.	5 12 19 26	2 9 16 23	2 9 16 23 30
Fri.	6 13 20 27	3 10 17 24	3 10 17 24 31
Sat.	7 14 21 28	4 11 18 25	4 11 18 25

	April	May	June
Sun.	2 9 16 23 30	7 14 21 28	4 11 18 25
Mon.	3 10 17 24	1 8 15 22 29	5 12 19 26
Tue.	4 11 18 25	2 9 16 23 30	6 13 20 27
Wed.	5 12 19 26	3 10 17 24 31	7 14 21 28
Thur.	6 13 20 27	4 11 18 25	1 8 15 22 29
Fri.	7 14 21 28	5 12 19 26	2 9 16 23 30
Sat.	1 8 15 22 29	6 13 20 27	3 10 17 24

	July	August	September
Sun.	2 9 16 23 30	6 13 20 27	3 10 17 24
Mon.	3 10 17 24 31	7 14 21 28	4 11 18 25
Tue.	4 11 18 25	1 8 15 22 29	5 12 19 26
Wed.	5 12 19 26	2 9 16 23 30	6 13 20 27
Thur.	6 13 20 27	3 10 17 24 31	7 14 21 28
Fri.	7 14 21 28	4 11 18 25	1 8 15 22 29
Sat.	1 8 15 22 29	5 12 19 26	2 9 16 23 30

	October	November	December
Sun.	1 8 15 22 29	5 12 19 26	3 10 17 24 31
Mon.	2 9 16 23 30	6 13 20 27	4 11 18 25
Tue.	3 10 17 24 31	7 14 21 28	5 12 19 26
Wed.	4 11 18 25	1 8 15 22 29	6 13 20 27
Thur.	5 12 19 26	2 9 16 23 30	7 14 21 28
Fri.	6 13 20 27	3 10 17 24	1 8 15 22 29
Sat.	7 14 21 28	4 11 18 25	2 9 16 23 30

EASTER DAYS

March 26	1815, 1826, 1837, 1967, 1978, 1989
April 2	1809, 1893, 1899, 1961
April 9	1871, 1882, 1939, 1950, 2023, 2034
April 16	1786, 1797, 1843, 1854, 1865, 1911, 1922, 1933, 1995, 2006, 2017
April 23	1905

B (LEAP YEAR)

	January	February	March
Sun.	1 8 15 22 29	5 12 19 26	4 11 18
Mon.	2 9 16 23 30	6 13 20 27	5 12 19
Tue.	3 10 17 24 31	7 14 21 28	6 13 20
Wed.	4 11 18 25	1 8 15 22 29	7 14 21
Thur.	5 12 19 26	2 9 16 23	1 8 15 22
Fri.	6 13 20 27	3 10 17 24	2 9 16 23
Sat.	7 14 21 28	4 11 18 25	3 10 17 24

	April	May	June
Sun.	1 8 15 22 29	6 13 20 27	3 10 17
Mon.	2 9 16 23 30	7 14 21 28	4 11 18
Tue.	3 10 17 24	1 8 15 22 29	5 12 19
Wed.	4 11 18 25	2 9 16 23 30	6 13 20
Thur.	5 12 19 26	3 10 17 24 31	7 14 21
Fri.	6 13 20 27	4 11 18 25	1 8 15 22
Sat.	7 14 21 28	5 12 19 26	2 9 16 23

	July	August	September
Sun.	1 8 15 22 29	5 12 19 26	2 9 16
Mon.	2 9 16 23 30	6 13 20 27	3 10 17
Tue.	3 10 17 24 31	7 14 21 28	4 11 18
Wed.	4 11 18 25	1 8 15 22 29	5 12 19
Thur.	5 12 19 26	2 9 16 23 30	6 13 20
Fri.	6 13 20 27	3 10 17 24 31	7 14 21
Sat.	7 14 21 28	4 11 18 25	1 8 15 22

	October	November	December
Sun.	7 14 21 28	4 11 18 25	2 9 16
Mon.	1 8 15 22 29	5 12 19 26	3 10 17
Tue.	2 9 16 23 30	6 13 20 27	4 11 18
Wed.	3 10 17 24 31	7 14 21 28	5 12 19
Thur.	4 11 18 25	1 8 15 22 29	6 13 20
Fri.	5 12 19 26	2 9 16 23 30	7 14 21
Sat.	6 13 20 27	3 10 17 24	1 8 15 22

EASTER DAYS

April 1	1804, 1888, 1956, 2040
April 8	1792, 1860, 1928, 2012
April 22	1832, 1984

1122 Time Measurement and Calendars

C

	January	February	March
Sun.	7 14 21 28	4 11 18 25	4 11 18 25
Mon.	1 8 15 22 29	5 12 19 26	5 12 19 26
Tue.	2 9 16 23 30	6 13 20 27	6 13 20 27
Wed.	3 10 17 24 31	7 14 21 28	7 14 21 28
Thur.	4 11 18 25	1 8 15 22	1 8 15 22 29
Fri.	5 12 19 26	2 9 16 23	2 9 16 23 30
Sat.	6 13 20 27	3 10 17 24	3 10 17 24 31

	April	May	June
Sun.	1 8 15 22 29	6 13 20 27	3 10 17 24
Mon.	2 9 16 23 30	7 14 21 28	4 11 18 25
Tue.	3 10 17 24	1 8 15 22 29	5 12 19 26
Wed.	4 11 18 25	2 9 16 23 30	6 13 20 27
Thur.	5 12 19 26	3 10 17 24 31	7 14 21 28
Fri.	6 13 20 27	4 11 18 25	1 8 15 22 29
Sat.	7 14 21 28	5 12 19 26	2 9 16 23 30

	July	August	September
Sun.	1 8 15 22 29	5 12 19 26	2 9 16 23 30
Mon.	2 9 16 23 30	6 13 20 27	3 10 17 24
Tue.	3 10 17 24 31	7 14 21 28	4 11 18 25
Wed.	4 11 18 25	1 8 15 22 29	5 12 19 26
Thur.	5 12 19 26	2 9 16 23 30	6 13 20 27
Fri.	6 13 20 27	3 10 17 24 31	7 14 21 28
Sat.	7 14 21 28	4 11 18 25	1 8 15 22 29

	October	November	December
Sun.	7 14 21 28	4 11 18 25	2 9 16 23 30
Mon.	1 8 15 22 29	5 12 19 26	3 10 17 24 31
Tue.	2 9 16 23 30	6 13 20 27	4 11 18 25
Wed.	3 10 17 24 31	7 14 21 28	5 12 19 26
Thur.	4 11 18 25	1 8 15 22 29	6 13 20 27
Fri.	5 12 19 26	2 9 16 23 30	7 14 21 28
Sat.	6 13 20 27	3 10 17 24	1 8 15 22 29

EASTER DAYS

March 25	1883, 1894, 1951, 2035
April 1	1866, 1877, 1923, 1934, 1945, 2018, 2029
April 8	1787, 1798, 1849, 1855, 1917, 2007
April 15	1781, 1827, 1838, 1900, 1906, 1979, 1990, 2001
April 22	1810, 1821, 1962, 1973

E

	January	February	March
Sun.	6 13 20 27	3 10 17 24	3 10 17 24 31
Mon.	7 14 21 28	4 11 18 25	4 11 18 25
Tue.	1 8 15 22 29	5 12 19 26	5 12 19 26
Wed.	2 9 16 23 30	6 13 20 27	6 13 20 27
Thur.	3 10 17 24 31	7 14 21 28	7 14 21 28
Fri.	4 11 18 25	1 8 15 22	1 8 15 22 29
Sat.	5 12 19 26	2 9 16 23	2 9 16 23 30

	April	May	June
Sun.	7 14 21 28	5 12 19 26	2 9 16 23 30
Mon.	1 8 15 22 29	6 13 20 27	3 10 17 24
Tue.	2 9 16 23 30	7 14 21 28	4 11 18 25
Wed.	3 10 17 24	1 8 15 22 29	5 12 19 26
Thur.	4 11 18 25	2 9 16 23 30	6 13 20 27
Fri.	5 12 19 26	3 10 17 24 31	7 14 21 28
Sat.	6 13 20 27	4 11 18 25	1 8 15 22 29

	July	August	September
Sun.	7 14 21 28	4 11 18 25	1 8 15 22 29
Mon.	1 8 15 22 29	5 12 19 26	2 9 16 23 30
Tue.	2 9 16 23 30	6 13 20 27	3 10 17 24
Wed.	3 10 17 24 31	7 14 21 28	4 11 18 25
Thur.	4 11 18 25	1 8 15 22 29	5 12 19 26
Fri.	5 12 19 26	2 9 16 23 30	6 13 20 27
Sat.	6 13 20 27	3 10 17 24 31	7 14 21 28

	October	November	December
Sun.	6 13 20 27	3 10 17 24	1 8 15 22 29
Mon.	7 14 21 28	4 11 18 25	2 9 16 23 30
Tue.	1 8 15 22 29	5 12 19 26	3 10 17 24 31
Wed.	2 9 16 23 30	6 13 20 27	4 11 18 25
Thur.	3 10 17 24 31	7 14 21 28	5 12 19 26
Fri.	4 11 18 25	1 8 15 22 29	6 13 20 27
Sat.	5 12 19 26	2 9 16 23 30	7 14 21 28

EASTER DAYS

March 24	1799
March 31	1782, 1793, 1839, 1850, 1861, 1907, 1918, 1929, 1991, 2002, 2013
April 7	1822, 1833, 1901, 1985
April 14	1805, 1811, 1895, 1963, 1974
April 21	1867, 1878, 1889, 1935, 1946, 1957, 2019, 2030

D (LEAP YEAR)

	January	February	March
Sun.	7 14 21 28	4 11 18 25	3 10 17 24 31
Mon.	1 8 15 22 29	5 12 19 26	4 11 18 25
Tue.	2 9 16 23 30	6 13 20 27	5 12 19 26
Wed.	3 10 17 24 31	7 14 21 28	6 13 20 27
Thur.	4 11 18 25	1 8 15 22	7 14 21 28
Fri.	5 12 19 26	2 9 16 23	1 8 15 22 29
Sat.	6 13 20 27	3 10 17 24	2 9 16 23 30

	April	May	June
Sun.	7 14 21 28	5 12 19 26	2 9 16 23 30
Mon.	1 8 15 22 29	6 13 20 27	3 10 17 24
Tue.	2 9 16 23 30	7 14 21 28	4 11 18 25
Wed.	3 10 17 24	1 8 15 22 29	5 12 19 26
Thur.	4 11 18 25	2 9 16 23 30	6 13 20 27
Fri.	5 12 19 26	3 10 17 24 31	7 14 21 28
Sat.	6 13 20 27	4 11 18 25	1 8 15 22 29

	July	August	September
Sun.	7 14 21 28	4 11 18 25	1 8 15 22 29
Mon.	1 8 15 22 29	5 12 19 26	2 9 16 23 30
Tue.	2 9 16 23 30	6 13 20 27	3 10 17 24
Wed.	3 10 17 24 31	7 14 21 28	4 11 18 25
Thur.	4 11 18 25	1 8 15 22 29	5 12 19 26
Fri.	5 12 19 26	2 9 16 23 30	6 13 20 27
Sat.	6 13 20 27	3 10 17 24 31	7 14 21 28

	October	November	December
Sun.	6 13 20 27	3 10 17 24	1 8 15 22 29
Mon.	7 14 21 28	4 11 18 25	2 9 16 23 30
Tue.	1 8 15 22 29	5 12 19 26	3 10 17 24 31
Wed.	2 9 16 23 30	6 13 20 27	4 11 18 25
Thur.	3 10 17 24 31	7 14 21 28	5 12 19 26
Fri.	4 11 18 25	1 8 15 22 29	6 13 20 27
Sat.	5 12 19 26	2 9 16 23 30	7 14 21 28

EASTER DAYS

March 24	1940
March 31	1872, 2024
April 7	1844, 1912, 1996
April 14	1816, 1968

F (LEAP YEAR)

	January	February	March
Sun.	6 13 20 27	3 10 17 24	2 9 16 23 30
Mon.	7 14 21 28	4 11 18 25	3 10 17 24 31
Tue.	1 8 15 22 29	5 12 19 26	4 11 18 25
Wed.	2 9 16 23 30	6 13 20 27	5 12 19 26
Thur.	3 10 17 24 31	7 14 21 28	6 13 20 27
Fri.	4 11 18 25	1 8 15 22 29	7 14 21 28
Sat.	5 12 19 26	2 9 16 23	1 8 15 22 29

	April	May	June
Sun.	6 13 20 27	4 11 18 25	1 8 15 22 29
Mon.	7 14 21 28	5 12 19 26	2 9 16 23 30
Tue.	1 8 15 22 29	6 13 20 27	3 10 17 24
Wed.	2 9 16 23 30	7 14 21 28	4 11 18 25
Thur.	3 10 17 24	1 8 15 22 29	5 12 19 26
Fri.	4 11 18 25	2 9 16 23 30	6 13 20 27
Sat.	5 12 19 26	3 10 17 24 31	7 14 21 28

	July	August	September
Sun.	6 13 20 27	3 10 17 24 31	7 14 21 28
Mon.	7 14 21 28	4 11 18 25	1 8 15 22 29
Tue.	1 8 15 22 29	5 12 19 26	2 9 16 23 30
Wed.	2 9 16 23 30	6 13 20 27	3 10 17 24
Thur.	3 10 17 24 31	7 14 21 28	4 11 18 25
Fri.	4 11 18 25	1 8 15 22 29	5 12 19 26
Sat.	5 12 19 26	2 9 16 23 30	6 13 20 27

	October	November	December
Sun.	5 12 19 26	2 9 16 23 30	7 14 21 28
Mon.	6 13 20 27	3 10 17 24	1 8 15 22 29
Tue.	7 14 21 28	4 11 18 25	2 9 16 23 30
Wed.	1 8 15 22 29	5 12 19 26	3 10 17 24 31
Thur.	2 9 16 23 30	6 13 20 27	4 11 18 25
Fri.	3 10 17 24 31	7 14 21 28	5 12 19 26
Sat.	4 11 18 25	1 8 15 22 29	6 13 20 27

EASTER DAYS

March 23	1788, 1856, 2008
April 6	1828, 1980
April 13	1884, 1952, 2036
April 20	1924

》崔 震 北京市地方志编纂委员会办公室

简氏世界飞机年鉴

一 《简氏世界飞机年鉴》发展概况

《简氏世界飞机年鉴》（*Jane's All the World's Aircraft：Development & Production*）直译为"简氏世界飞机发展与生产"，创刊于 1909 年，由英国简氏集团（IHS Markit）出版，每年一卷，内容聚焦世界最先进的飞机，主要包括研发中或使用中的民用和军用飞行器，是了解世界先进飞行器的实用工具书。

简氏集团是全球领先的情报与分析提供商，由佛瑞德·詹恩 (Fred T. Jane) 于 1898 年创立，至今已有近 120 年的历史。其最初以军舰爱好者为客户群出版书籍，后来逐步发展为百科辞典式的简氏战舰大全，之后逐步向其他军事领域扩展，出版内容涉及国防工业与市场情报、军用装备与技术情报、军事与安全评估情报、恐怖活动分析、公共安全及交通与管理等。

简氏集团围绕防务、安全、交通三大信息服务，出版有军事通信、光电系统、C4I（指挥、控制、通信、计算机、情报）系统、雷达与电子战系统、飞机、战略武器系统、战舰等主题的年鉴等近 23 种。1909 年，在莱特兄弟刚刚进行首次试飞的 5 年后，简氏集团极有预见性地出版了《全球飞艇》(*All the World's Airships*)，即为现今《简氏世界飞机年鉴》的前身，现已成为世界航空业的"圣经"。

二 《简氏世界飞机年鉴（2017-2018）》介绍

《简氏世界飞机年鉴（2017-2018）》于 2017 年 3 月出版，售价 1425 美元（简氏集团网上商城 https://shop.ihs.com）。开本为大 16 开（212mm×318mm），共 1070 页，较为厚重。全书采用彩色印刷，封面选取黑色底色配银色字体设计，简洁、庄重、大气。

年鉴记述时间为 2016 年，由"飞机""空射导弹""航空发动机""推进器"等 17 个类目组成。采用文章体，以说明为主，兼有叙事，语言简洁精练。"飞机"类目是年鉴的主要部分，该类目下按国家或地区设 48 个分目进行详细介绍，提供了当前 560 多家公司正在生产或研发的 1000 多种军用和民用飞机的技术资料，每种机型从制造商信息、功能类型、简史、当前版本、客户、成本、设计特征、飞行控制、结构、起落装置、发电装置、空间、系统、航空电子设备、武器装备、外部尺寸、内部尺寸、区域、重量和负载、性能、运行时的噪声水平等方面进行详细的介绍，并列表显示精确的数据。此外，每架飞机都配置一幅清晰的"三维"图像，并且每个图像都配有七位数的电子编号，可以在简氏图像数据库（https://janes.ihs.com）中查询和识别。

在简氏集团官网（https://www.ihs.com）和美国、英国亚马逊网站等平台可以购买此年鉴。

三 《简氏世界飞机年鉴》的特点

1. 极具战略意义

在《简氏世界飞机年鉴》的"总体概述"类目中，战略概述占据大量篇幅。编者通过全球代表性的飞机制造商和机型的销售数据对比，对上一年飞机制造业的销售市场和发展形势做了详细的分析，从而指出对今后的影响。如2017~2018卷中的战略概述，通过对2016年的数据分析，认为电力、联轴器或螺旋桨、"飞车"将对民航领域产生深远影响，预告人类即将进入"载人或无人空中汽车"时代。这种对当前形势的分析和未来趋势的预判，与中国年鉴述而不论、直陈其事的传统截然不同。但是，这种建立在准确的数据分析和严谨的研究基础之上的研判是极具战略意义的，并对航空行业的发展有着重要的指导作用。

2. 图文信息精确

简氏集团出版的刊物早已成为各国军事首脑、情报机构头目、政治家们的案头书，这是因为其所载资料全面、系统、可靠且具有权威性。

《简氏世界飞机年鉴》中所载的大量图文信息的来源主要有二：一是公开资料，包括各地记者发回的报道和报刊资料以及各国发表的政府文件资料；二是通过各种秘密渠道收集到的保密资料（前提是遵守保密法）。简氏集团的总部在英国小镇科尔斯登，在美国华盛顿和洛杉矶设有分部，在巴黎、波恩和曼谷设有地区总部，并在世界各地派驻300余名记者，还有遍布全球的读者也提供大量信息。简氏集团分布在各国的千余位编辑、记者和各类军事装备专家对资料进行鉴定、筛选和加工整理，最终刊载。因此，大大提高了简氏集团刊物的权威性、精确性、可靠性和公平性。

3. 专业权威的全方位服务

除《简氏世界飞机年鉴》外，简氏集团还出版有交通运输、法律、汽车等方面的年鉴，不仅具有专门化、系列化、群体化的特色，而且面向世界，资料翔实。简氏集团还有一项重要业务是提供咨询服务，在海湾战争中，简氏集团编辑部就有 25 位专家负责解答来自世界各地的咨询电话。除此之外，在简氏集团的官网上，产品类型板块中还包括实事分析、供应商和产品名录、市场洞察与预测、专业数据及培训等，种类十分丰富，可以多方提供年鉴之外的信息资源，作为年鉴的强大扩展与支撑，满足读者的多样化和个性化需求。

》 王　源　北京市朝阳区地方志编纂委员会办公室

芦苇航海年鉴

一 《芦苇航海年鉴》[①]发展概况

《芦苇航海年鉴》（*Reeds Nautical Almanac*）创刊于 1932 年，由英国拉德科尔斯航海公司（Adlard Coles Nautical）出版。该公司是世界上最大的航海出版社，出版的书籍包括年鉴、巡航指南、飞行指南、大型摄影书籍、航海历史故事及与海洋相关的参考书，曾出版过《鲁宾孙漂流记》《海底两万里》等书籍。

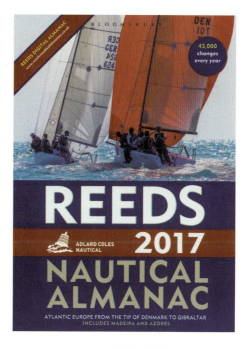

《芦苇航海年鉴（2017）》封面

---

① 涉及《芦苇航海年鉴（2017）》中的内容和图片，由布卢姆斯伯里出版公司许可使用。

1932 年，23 岁的奥斯瓦尔德·M. 瓦茨（O·M. Watts）船长和出版商哈罗德·布伦顿·里德（Harold Brunton-Reed）共同编纂完成第一部《芦苇航海年鉴》。1944 年，该年鉴迎来了最辉煌的时期，当时的政府订购了3000 余份年鉴，供参与诺曼底登陆的船只使用。2003 年，拉德科尔斯航海公司收购了《芦苇航海年鉴》，继续出版。而拉德科尔斯航海公司在 2000 年成为出版众多年鉴的布鲁姆斯伯里出版社（Bloomsbury Publishing）的一部分。

《芦苇航海年鉴》提供了包括英国、爱尔兰、直布罗陀海峡、亚速尔群岛和马德拉群岛等大西洋沿岸水域航行所需的全部航海数据，是航海者不可或缺的年度参考资料。每年有超过 4.5 万条的更新信息（含潮汐信息和导航数据等）。航海家查伊·布莱斯爵士（Sir Chay Blyth）这样推荐此书："我出海有几样必备品，《芦苇航海年鉴》是其中之一。"《游艇世界》（Yachting World）称赞该年鉴是"最大型、最大胆、最全面的年鉴"。《经典船艇》（Classic Boat）称此书为"年鉴圣经"。

二 《芦苇航海年鉴（2017）》介绍

● 《芦苇航海年鉴（2017）》目录

章节目录

引言 / 1

社论·年鉴使用说明·改进内容·代理希冀·更正启事·致谢与权限

第 1 章　参考资料 / 5

符号与缩略语·重要地址（邮政和电子邮件）与网址·2017 年日历·日［月］蚀说明·换算表·时间·词汇表

18 区　法国中北部 / 795

　　海牙角至圣届艾波尔特里厄

19 区　海峡群岛 / 819

　　奥尔德尼岛至泽西岛

20 区　北布列塔尼 / 845

　　潘波勒至潘马什角

21 区　南布列塔尼 / 885

　　洛克蒂迪至圣纳泽尔

22 区　南比斯开湾南部 / 915

　　卢瓦尔河至西班牙边境

23 区　西班牙西部与西北部 / 951

　　富恩特拉比亚至巴约纳

24 区　葡萄牙 / 985

　　维亚纳堡至圣安东尼奥雷阿尔城

25 区　西班牙西南部、直布罗陀和摩洛哥 / 1007

　　阿亚蒙特至欧罗巴角，丹吉尔与休达

26 区　葡萄牙岛 / 1025

　　亚速尔群岛：弗洛勒斯、法里、皮科、圣豪尔赫、格拉西奥萨、特塞拉、圣玛丽亚和圣米格尔。马德拉群岛：圣桑塔港和马德拉岛

　　《芦苇航海年鉴（2017）》于2016年9月出版，开本为正16开（193mm×265mm），共1056页，定价49.99英镑。该书采用全彩铜版纸印刷，设色讲究，排版明晰。封面设计简约大气，底色深蓝，主色调为蓝白红三色，配图为海上航行的帆船，彰显航海的风格。

　　全书总体采用条目体，语言平实、简明、严谨，对于尚未确定的情况都加以提示说明。如引言部分介绍"能源价格下滑加速了海上作业平台的关闭，北海尤甚。一旦关闭，通常不会提供照明，对于游艇驾驶者而言，晚间出行的风险增加。而以后这些平台是否继续使用或清除尚不明确"。编者还特别提示：航行前要特别考虑到船只的个体特点以及实际或预测的气象条件、海洋或潮汐情况。

　　该卷共设9个类目，另含引言、目录、索引。所选取的数据及参考资料截至2016年6月底。引言部分含使用说明、编号体系、改进内容等，相当于

国内年鉴的"凡例",读者可通过引言对全书有整体了解。第一个类目为"参考资料",介绍全书的符号与缩略语、主要单位换算表、各语言对应词汇表等,方便读者查询年鉴后面的内容。其后主要介绍了航海涉及的法规,航线设计、卫星导航、电子海图等专业航行知识,通信及航海气象,海上航行安全设备、全球海难安全系统、英国搜索与营救及海上医疗咨询服务等。

"海港、海岸与潮汐"类目是全书的主体部分,占总篇幅的87%。详细介绍英格兰、苏格兰、德国、法国、葡萄牙、西班牙西南部、马德拉群岛26个区域的海港、海岸与潮汐信息。每个区域的章节均含区域地图、里程表、潮汐流图表、灯浮标和锚点、航点航道等信息。

年鉴还另附一本《芦苇码头指南(2017)》作为补充资料。其中共分两个章节,码头与服务一章提供了英国和爱尔兰海岸约

Sutton Harbour 50°21'·98N 04°07'·96W. West Pier and Guy's Quay marinas are mainly for locals (no shwrs).

Lock operates H24, free. IPTS: sigs 1, 2 & 3. Call *Sutton Lock* Ch 12 for entry and allocation of a berth; secure to floating pontoons either side of lock. The lock retains CD +3·5m in the hbr; when rise of tide >3m, approx HW ±3, free-flow is in operation.

Sutton Hbr Marina www.suttonharbourmarina.com ☎204702, ━ 467⬜ inc ⓥ £3.50 inc ⬛, ⬛ ⬛ ⬛ (25t) ⬜ all maintenance/ repairs. Nearby ⬜, ⬜.

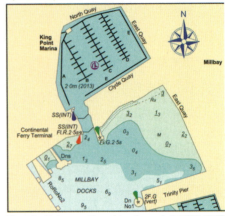

King Point Marina www.kingpointmarina.co.uk ☎424297; 171⬜ inc ⓥ (development continues), poa approx £3, ⬛ ⬛ ⬛ ⬛ ice, wi-fi(weak).

Mill Bay Village Marina ☎226785, Ch M. No ⓥ.

Mayflower Marina ⬛ www.mayflowermarina.co.uk ☎556633 (HO) mob 07840 116853. 27m max LOA with 3·5m min depth, but 1·5m near ⬛ and fuel berth. Limit speed to maintain steerage. ━ 396⬜ inc 40⬤ £3·15 (inc ⬛ wi-fi), £5 then £3/hr<4 hrs. ⬛ (H24) ⬜ ⬛ ⬛ ⬛ ⬛ (33t) ⬜ (1½t) Divers ⬜ ⬜ ✕ ⬜ ☎500008.

Southdown Marina www.southdownmarina.co.uk ☎823084. Approach dries 2m. ⬛s. 35⬜ in 2m inc ⓥ £20 all LOA, or at drying quay, ⬛ (20t) ⬜.

Torpoint Yacht Hbr www.torpointyachtharbour.co.uk ☎813658. Access H24, 2m. 100 ⬛s 70⬜ pre-call for a ⓥ berth £2.50, ⬛ ⬛ ⬛ ✕ ⬛ ⬜ free water taxi.

YACHT CLUBS
Royal Western Yacht Club of England ☎660077, ⬛ ✕ ⬜.
Royal Plymouth Corinthian YC ☎664327, VHF ChM, ⬛ ✕ ⬜━ ⬜.
Plym YC ☎404991. **RNSA** ☎567854. **Mayflower SC** ☎ 492566.
Torpoint Mosquito SC ☎812508, ✕ ⬜ visitors welcome.
Saltash SC ☎845988. **Tamar River SC** ☎362741.

一个地区各码头的位置、停泊价格、网址、生活、提供服务等的介绍图

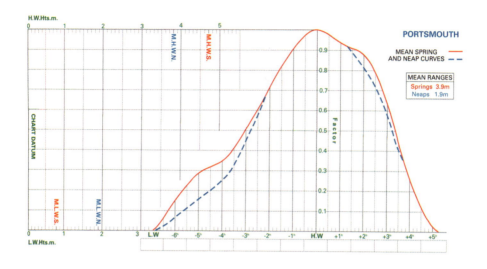

大潮和小潮曲线图

200 个码头的说明图与设施详细信息；船舶用品与服务一章列出了不列颠群岛沿海及周边地区的 1000 多家服务机构。方便读者快速查找全国的设备、服务、用品制造商、零售商以及紧急服务。此外，《芦苇航海年鉴（2017）》新推出 iPad 版本，为读者提供航线规划参考、实时天气资讯及全年的更新信息。

三 《芦苇航海年鉴》的特点

1. 信息全面、注重时效

作为一本航海类工具书，《芦苇航海年鉴（2017）》全书 1000 余页，补充资料《芦苇码头指南（2017）》100 余页，排版紧凑，信息量大，图表密集，平均每页都有图表。囊括了航海、安全和潮汐信息方面的重大变动，以最精练的文字和数据，最大限度地为读者提供全方位、实用性强、可操作性强、有价值的航海知识和信息。卷首引言部分专门设"改进内容"条目，重点提示本卷年鉴中的特别重要变化和改动，并接受读者的更正和建议。比如"爱尔兰"条目，引言提示"关于新建和翻新设施的改进内容，如格雷斯通斯小镇，刊在南海岸锚具更新信息旁边；在爱尔兰西海岸巡航时尤其需要进行详细的航行和物流规划；北部的加油点特别少"。为保持资料的完整性，编者会在1月至6月间，通过官网（www.reedsnauticalalmanac.co.uk）每月发布免费更新信息，读者可注册后查阅。

2. 检索体系健全

读者可通过目录、索引和书眉，检索本年鉴的主要内容。卷首目录分章节目录和航海目录两部分。章节目录仅列各章节首页页码，并提示章节内重要信息。每一章节的首页另列有本章节的目录，除页码之外，还显示本章节主要主题词。如2017卷中"急救"类目列出章节内重点的主题词"中毒""紧急分娩"等。卷末索引分总索引和地名索引两部分，共2600余条。索引数量较多而排版密度稍大。索引采取主题词索引加二级复式索引的形式，主标目按首字母英文字顺排列，副标目依具体情况设置，如主标目"海岸无线电台"下设6个副标目，"潮汐曲线"下设56个副标目等，通过类分使检索快速有效。主题标引深入年鉴内容，便于使用者整合信息、重组资料。

3. 排版讲究

《芦苇航海年鉴》资料信息全面翔实，但排版紧凑明晰，不显烦冗。各类目在正文中紧密相连，主要依靠书眉文字以及书口呈现的色块位置来区分，通过字体、字号、字符底纹来标示层次，节约版面。重点提示及更正的信息，用

● 道格拉斯港海浪分级图表，用多幅图展示风力和波高等级

浅色底纹来突出显示。各类目采用不同的色彩来区分，同一类目内页眉、书口、
页内文字及底纹的颜色、图表设计能达到协调一致。广告内容均为航海业服务
信息，设计与全书风格一致，不显突兀。

》郝慧芳　北京市西城区地方志编纂委员会办公室

儿童作家和艺术家年鉴

一 《儿童作家和艺术家年鉴》发展概况

《儿童作家和艺术家年鉴》（*Children's Writers' & Artists' Yearbook*）创刊于 2004 年，由英国布卢姆斯伯里（Bloomsbury Publishing）出版公司出版，该公司是英国大众出版领域知名的独立出版社，曾出版《哈利·波特》系列小说。

介绍《儿童作家和艺术家年鉴》必须首先介绍历史超过百年的英国《作家和艺术家年鉴》，该年鉴从 1906 年开始发行，最初是一本

《儿童作家和艺术家年鉴（2017）》封面

只有 80 页，售价 1 先令，包括 7 家文学代理商和 89 家出版商名录的小册子。随着逐年出版，其内容不断扩展，增加了插画家、摄影师的信息以及文学出版建议文章，成为颇受关注的资料性工具书。

《儿童作家和艺术家年鉴》从 2004 年开始出版（即 2005 卷），其后每年与《作家和艺术家年鉴》同步发行。该年鉴中包含大量成功的儿童作家和插画家的文章，以及图书出版和相关行业（如影视、广播、戏剧等）的分类资源清单，是青少年和儿童写作者的必备指南。年鉴多以文章的形式针对写作和出版提供建议，富有指导意义。英国编剧弗兰克·科特雷尔·博伊斯（Frank Cottrell Boyce）推荐说："翻翻它，你的梦想就会实现。"国际安徒生文学奖得主大卫·埃尔蒙德（David Almond）称赞"年鉴中的建议非常棒"。英国桂冠女作家杰奎琳·威尔逊（Jacqueline Wilson）也建议读者向这本优秀的年鉴求教。

二 《儿童作家和艺术家年鉴（2017）》介绍

《儿童作家和艺术家年鉴（2017）》于 2016 年 7 月出版，分为精装和平装两种版本。平装本开本近正 32 开（148mm×210mm），共 480 页，定价 20 英镑。全书采用轻质纸张印刷，装帧风格简朴，封面设计延续多年不变，采用嫩绿底色，红色和白色大字突出书名和年份。

前言之前的介绍"不只是一本书"向读者推荐该年鉴官网提供的资源与服务，包括最新写作建议、博客、比赛、编辑服务、分类信息服务等。前言由 2016 年卡内基奖章入围作家弗朗西斯·哈丁（Frances Hardinge）撰写。

全书共设 11 个类目，各类目内容繁简不一，所载内容不限于一个年度之内。其中书籍类目内容最多，占全书篇幅的 45%。首先是英国知名编辑、出版商和营销顾问撰写的 10 篇实用建议，作者包括海雀图书高级责编艾莉森·斯坦利（Alison Stanley）、布卢姆斯伯里出版社编审巴里·坎宁安（Barry Cunningham）等。随后是 7 份资源清单，分别介绍英国和爱尔兰以及海外的童书出版商、音像出版社、书店及童书资源等。童书资源清单涵盖了关于童书的最佳书籍和在线资源，如英国图书信托基金会年度《最佳荐书》、杰克·齐普斯（Jack Zipes）的《棍子和石头：从蓬头彼得到哈利·波特，儿童文学令人烦恼的成功》、ACHUKA 荐书网站等。励志作家部分，收录 31 位作家和插画家的创作心得，主题丰富、文字优美。此外，还介绍了数字时代的儿童文学写作、自主出版工作等。"为儿童图书插画"类目中，昆汀·布莱克（Quentin Blake）等 8 位插画家撰文讲述自身经历，对如何创作插画、找到个人风格等提出建议。

除了书籍、插画等就书的内容来分类的类目外，年鉴中还包括文学代理、出版实践、著作权、财务问题这些围绕出版过程中的重要问题而设的类目，读者可从中了解如何寻找代理、代理的作用、出版协议、出版术语、常用校对符号、著作权问题、著作权许可代理机构和个人所得税等内容，并按图索骥找到具体建议。

年鉴还兼顾了作家和艺术家在传统纸媒、影视广播及戏剧等多种媒介里的重要作用，在这些类目中，知名文字编辑、漫画周刊编辑和影视编剧等撰文分享了他们为各种媒介进行文学创作和改编的经验。

三 《儿童作家和艺术家年鉴》的特点

1. 朴实的内外设计

整本年鉴基本无图无色。正文为黑白印刷，封面和插页广告为彩色印刷，广告内容均为图书行业服务信息，设色简单，文字为主。全本年鉴只有两张小插图，分别占所在页面的不足六分之一。全书排版紧凑。各类目在正文中紧密相连，主要依靠书眉文字以及书口呈现的色块位置来区分，通过字体、字号、字符底纹来标示层次，不浪费版面。

2. 健全的检索体系

目录和索引是前后两种不同的查检系统。2017 卷年鉴中目录有 2 页、索引有 15 页，加起来占全书的 3.5%。索引采取主题词索引加二级复式索引的形式，主标目按首字母英文字顺排列，副标目依具体情况设置，如主标目"权利"下设 8 个副标目，"笔名"下设 2 个副标目等，通过分类使检索快速有效。主题标引深入年鉴内容，有利于使用者整合信息、重组资料。此外，散落在各类目、分目中的随文参见也是构成全书检索系统的重要部分，与目录和索引有机结合，健全了年鉴检索体系，便于读者查找利用。

3. 翔实的资料信息

作为一本翔实的工具书，该年鉴为读者提供了丰富的涵盖出版实践各阶段和相关媒介的资源清单，2017 卷年鉴中提供了 21 份，占全书篇幅近 32%。年鉴编纂者每年对所有文章和清单进行审查和更新，保证其中的网址、电子邮件和其他信息在成书时准确无误。年鉴中还有"延伸阅读""更多资源""有用的书"等扩展提示，丰富和突破了一本年鉴的容量。如 2017 卷年鉴在诗歌类目列出 17 本专门介绍诗歌创作和出版的经典图书，在出版实践类目列出 5 本编校出版类书籍和 2 家编校出版服务机构的网址。年鉴善用阴影区凸显具体资料，2017 卷年鉴共有 33 处阴影区，主要列出思路要点、关键技巧和重要图表，如被借阅最多的作者和图书排行、编辑中常见错误等。

> 齐　田　北京市西城区地方志编纂委员会办公室

天空体育足球年鉴

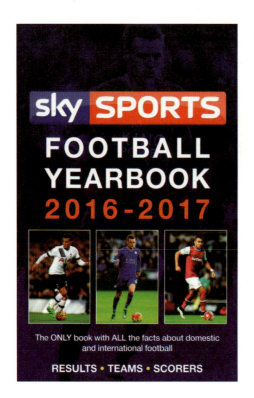

《天空体育足球年鉴（2016-2017）》封面

一 《天空体育足球年鉴》发展概况

《天空体育足球年鉴》，创刊于1970年，其前身为《乐富门体育足球年鉴》，1970~2002年由烟草公司乐富门赞助出版，2002年之后由于英国立法限制烟草行业赞助体育行业，所以从2003~2004年版起由天空体育接任新赞助商，并将书名更改为《天空体育足球年鉴》。

天空体育台（Sky Sports）与英国广播公司、英国独立电视台是英国本土三大电视体育品牌。天空体育台是目前英超联赛在英国国内的独家直播机构。除足球之外，天空体育台还播出板球、橄榄球、高尔夫球和网球等众多体育赛事。天空体育台亦促进了英格兰联赛杯的举办，并与英国广播公司共享联赛杯转播权。2002年 11 月 24 日，天空体育台联合英国独立电视台，获得欧洲冠军联赛在英国的转播权。

二 《天空体育足球年鉴（2016-2017）》介绍

● 《天空体育足球年鉴（2016-2017）》目录

《天空体育足球年鉴（2016-2017）》由隶属阿歇特英国出版公司的海德林出版集团出版发行。海德林出版集团主张使用天然、可再生和可回收产品制成的轻型纸张，在编辑说明中特意注明了纸张来源可靠，这是在其他年鉴，甚至图书中都极为少见的。

该书尺寸 14.3cm×20.8cm×6.1cm，仅重 836 克。其定位为"你应

该求助的第一本足球内容参考书""最可靠最权威的足球指南""唯一一本涵盖国内外所有足球事实的书籍",很多足球迷称之为"足球圣经",其主要内容为 2016~2017 赛季欧洲足球锦标赛的预选赛和决赛记录;欧洲冠军联赛和欧罗巴联赛记录;英格兰和苏格兰联赛和杯赛比赛记录;英格兰、苏格兰、欧洲与国际赛事记录;赛季球队球员目录(含 A~Z 索引)。按球队首字母顺序介绍每个球队时,均分为 8 个板块进行介绍。第一部分为基础历史,简要地介绍球队成立时间和重要发展节点;第二部分为球队简要信息,包括球队联系电话、球队传真电话、球队票务电话、球队网址、球队经理、球衣介绍等信息;第三部分为球队荣誉,包括各球队获得的联赛冠军、足总杯冠军、足球联赛杯冠军等;第四部分为天空体育事实档案,是关于球队的一个历史知识介绍;第五部分为球队历任总教练介绍;第六部分为球队近十年联赛得分及总排名记录;第七部分名为"你是否知道?"也是和球队相关的历史知识介绍;第八部分为球队 2015~2016 赛季联赛比赛记录。介绍球员时,也是按照球队名字首字母顺序进行介绍,包括球员身高、体重、转会前所在球队和出场次数等内容,后面是一个按照球员名字首字母顺序的球员名录索引,方便查询。

三 《天空体育足球年鉴》特点

1. 封面设计特色保持不变

封一采用蓝色底色,上部是赞助商标志,下部选用本赛季表现出色的三名球员作为封面主体。封四以蓝色为底色,主体选用 2 张球员球场照片,辅以该年鉴年度重要内容的简要介绍。在封四左下角标明赞助商标志和官网链接,右下角标明该年鉴书号和价格等信息。全书采用黑白印刷,简单大方。

2. 版权意识浓厚

天空体育足球年鉴虽然使用照片不多，封面共使用了 5 张照片，封一使用 3 张照片，书脊使用 1 张照片，封底使用 2 张照片。内文使用 16 张照片，除内文中 2 张人物头像照片外，所有照片均注明了拍摄者及所属拍摄公司。

3. 根据内容设置新专题

《天空体育足球年鉴（2016-2017）》新设置"教练流动情况"章节，配有年度管理变革大事记。随着女子足球不断发展，新设了女子超级联赛和女子英超联赛赛事记录，但女子足球比赛记录还是放在球队介绍、球员介绍板块中，并没有打破原来的框架结构。

4. 出版两种版本年鉴

《天空体育足球年鉴》历年年鉴均出版精装本和平装本两种版本，《天空体育足球年鉴（2016-2017）》精装版在亚马逊售价 40 英镑，平装版标价 25 英镑，在亚马逊售价 7.04 英镑，精装版更便于收藏者长久保存，平装版价格更低。与国内相比，大多数国内年鉴只出版一种版本。

5. 充分利用页面资源

全书共 1056 页，无任何一页空白部分超过半页；仅有 10 多页存在近 2/5 的空白部分，其余均是满页印刷，这同国内众多年鉴大幅空白版面形成强烈对比。

》韩　枫　北京年鉴社

贝丹 + 德梭葡萄酒年鉴

一 《贝丹 + 德梭葡萄酒年鉴》发展概况

《贝丹 + 德梭葡萄酒年鉴》（*Guide Des Vinsbettane+desseauve*）直译为"贝丹 + 德梭葡萄酒指南"，中国通常将其翻译为"贝丹 + 德梭葡萄酒年鉴"。该年鉴创刊于 1995 年，由米歇尔·贝丹（Michel Bettane）和切里·德梭（Thierry Desseauve）编写，弗拉马里翁出版社（Flammarion）出版，每年一卷，主要介绍年度内法国地区葡萄酒和酒庄的各方面情况，并对其做出系统评价，从而向消费者进行推荐。

该年鉴的作者贝丹是葡萄酒领域的专家，在 20 世纪 80 年代初期，成为《法国酒评》杂志的主要撰稿人。另一位作者德梭在 1989~2005 年，先后担任《法国酒评》杂志的主编和主任。他的《葡萄酒书》曾获首届爱德蒙得洛希尔最佳葡萄酒书籍奖的第一名。1995 年，二人创办了"法国最佳葡萄酒和酒庄年度排名"，并编写了第一版《贝丹 + 德梭葡萄酒年鉴》，原名 Bettane+Desseauve Vins et Domaines Le Classement de 1996，直译为"贝丹 + 德梭 1996 年葡萄酒和酒庄排行榜"，后其名几易，自 2015 卷起更为现名。

2005 年，贝丹和德梭创建了"贝丹 + 德梭"公司，旨在为法国境内和国外的葡萄酒爱好者提供参考信息和指南。二人还设计了"bettanedesseauve.com"和"enmagnum.com"网站，有英文版本和中文版本。随着中国葡萄酒产业的发展，2015 年，贝丹与德梭在上海开设了第一家子公司，即"贝丹 + 德梭（中国）"。同年编写了中文版《贝丹 + 德梭葡萄酒年鉴》，由中国旅游出版社出版。该版年鉴针对中国市场而编纂，收录年鉴中的酒款都可以在中国市场找到，内容包括进口商的名称、酒庄介绍、酒庄酒款风格以及分数等。贝丹与德梭还发表专栏文章《宁夏，中国的顶级风土》，讲述了他们参观宁夏贺兰山东麓葡萄酒产区的见闻及感想。

二 《贝丹 + 德梭葡萄酒年鉴（2017）》介绍

《贝丹 + 德梭葡萄酒年鉴（2017）》于 2016 年 9 月出版，法语编写，售价 24.90 欧元。开本为大 32 开（140mm×215mm），共 959 页，封面设计简洁清晰，单一紫色为底，白色书名加标志性的作者名字充满整个封面，十分醒目。全书彩色印刷，简单大方。

年鉴分为"葡萄酒年份"和"葡萄酒指南"两大类目，共有专题文章 14 篇、年度排行榜 6 个、葡萄种植园地图 28 个，介绍超过 9800 种 2017 年能从酒庄或分销商处购买到的葡萄酒。其中，"葡萄酒年份"类目主要登载了法国葡萄种植园的地图、本书使用方法、作者们及参与编写的团队、本书的评分原则、作者的承诺、关于葡萄酒的专题文章、年度排行榜。"葡萄酒指南"类目下，按照地区设置了 14 个分目，每个分目最前面为地区地图，其后是产区介绍、推荐酒庄和新被列入年鉴的酒庄名单、2015~2016 年度向消费者推荐的葡萄酒，以及对各酒庄的具体评价。作者建立了一套对酒庄和葡萄酒的评价体系，酒庄等级用星级表示，从 0 至 5 星不等；葡萄酒等级用分数表示，满分为 20 分，以 0.5 分的微弱差异进行区分。所有评价都是通过专家团队亲自走访品尝而得出，在年鉴中详细介绍酒庄、酒款和联系方式等。

年鉴在每页的上方用不同颜色的色块标注出地区名，年鉴后面，编制有"葡萄种植园、酒庄和酒窖""产区"两种索引，方便检索。读者还可以通过网站 bettanedesseauve.com 查阅整套年鉴包含的详细点评和本年度新增的900 名其他生产商和近乎 2200 瓶葡萄酒的点评。

三 《贝丹＋德梭葡萄酒年鉴》的特点

1. 实用性指南

《贝丹＋德梭葡萄酒年鉴》是一本帮助葡萄酒专业经销商、侍酒师、餐饮从业者和普通葡萄酒爱好者了解和选购当年上市的法国产葡萄酒的实用指南。之所以可以称为指南，是因为它的内容全面便于查阅。

每年的年鉴中都记载了当年新增加的葡萄酒酒款，推出的一系列"年度人物""年度葡萄酒""年度启示"等"年度排行榜"。关于葡萄酒的介绍细至酒的名称、颜色、酿酒桶一次的酿酒量、制造年份和类别（柔和、干式等）、限制饮用日期、是否为有机、制造商的现有产品分类、关于制造商的状况和现实情况、作者的评分等。年鉴在页面顶部设置了地区检索标和分别按酒庄、产区编排的索引，方便查找。在版式设计上，将单页留白的地方（如有的地图背页）设计为便签页（NOTES），可供读者随笔。年鉴的内容与记述方式均以读者需求来编写，真正做到了以"读者为鉴"。

2. 讲求独立与严格

《贝丹＋德梭葡萄酒年鉴》作者的身份既不是酿酒人，也不是经销商，甚至也不对葡萄种植者提供顾问业务。年鉴中所记的酒都是经过作者和专家团队亲自品尝与实地考察而挑选出来的，因此被法国媒体称为"由真正喝过酒的人自己写的书"。此外，作者独创了自己的评分原则，对年鉴中列举的制造商与酒款均注明了评分。对制造商的评分从 0 到 5 星不等，对酒款的评分为总分20 分制，以 0.5 分的微弱差异进行区分。

3. 影响力广泛

《贝丹＋德梭葡萄酒年鉴》在法国被誉为"葡萄酒圣经"，在数量众多的葡萄酒指南、专业杂志或报纸中独树一帜。在法国，每年 8 月底，无论是大小酒庄的酿酒人、专业批发或经销商，还是餐馆、超市或个人葡萄酒爱好者都会盼望这本年鉴的出版上市。2006 年，贝丹和德梭邀请入选年鉴的酒庄举办了"佳酿试酒会"，这是首届知名葡萄酒品尝盛典，以后每年 12 月都会举办，在每年的年鉴中也有专栏收录"佳酿试酒会"的内容。"佳酿试酒会"在东京、香港、上海、北京也成功举办过。2015 年 12 月，在巴黎卢浮宫举办了十周年庆典，云集了各国 350 余家顶级葡萄酒生产商。随着贝丹与德梭的知名度日益增大，这本年鉴在世界葡萄酒业中有了更加广泛而深远的影响力。

❱ 姜　坤　北京市地方志编纂委员会办公室

德国统计年鉴

一 《德国统计年鉴》发展概况

统计年鉴是政府统计产品的综合展示，可以折射出一国政府统计的能力，反映出一国政府统计的理念。《德国统计年鉴》是德联邦统计局出版物中的经典之作，第一部于 1952 年问世，但如果查考德意志帝国时期的统计年鉴，可以追溯至 1880 年。因此，德国与美国、芬兰、日本等国家一样，都是从 19 世纪末开展编辑出版统计年鉴的，领先于世界上大多数国家。

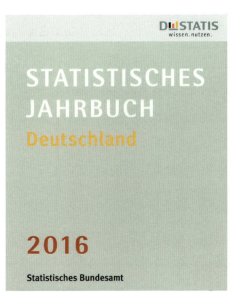

《德国统计年鉴（2016）》封面

二 《德国统计年鉴（2016）》介绍

● 《德国统计年鉴（2016）》目录

《德国统计年鉴（2016）》于 2016 年 10 月出版发行，德文编写，售价 71 欧元。开本为 16 开（210mm×260mm），共 697 页。全书彩色印刷，封面以德国国旗的黑红黄三色设色，简单庄重，体现了该年鉴的政府属性和权威性。

全书共分三大部分，包括引言、正文、内容索引。其中引言部分介绍了德国依法统计、专业型统计、服务型统计的三重工作定位，全面梳理了德联邦统计局提供的各类公共数据服务产品，并就如何使用全书进行了说明。正文部分包括 4 个类目 27 个分目，收录了德国的地理和气候、人口、健康、教育、住房、居民收支、文化、财税、选举、司法，以及宏观经济和产业经济等各方面的数据及图表。年鉴主要反映的是 2015 年的数据，由于统计调查周期不同，部分统计表反映的是 2014 年或 2016 年的月度数据。此外，书中也收录了大量的历史数据，最早可追溯至 1841 年，出现在"人口"分目。全书对于数据的时间标注方法有两种情况：一是统计表内只反映单一年份数据，其时间标注在统计表的标题中，如该书 9.2.2 表的标题为"公共预算收入和支出 2015"表示该表仅包括 2015 年的数据。二是统计表内反映多年的数据，其时间标注在统计表的宾栏，如 9.5 表的标题为"分税种的税收收入"，时间不在标题中，而是在表内宾栏体现，该表列示了从 2012 年至 2015 年各年的数据。上述时间的标注方法在统计界是通用的。

年鉴的最前面设有总目录，每个分目前设有分目目录。总目录下详细至分目名称，分目目录下列所含统计表的名称。书中又将每一分目的统计表设置成一种颜色，在总目录处用色块标明，并在书口处设置色块梯标，形成一种按颜色查询的检索方式。德国统计局的官网（www.destatis.de）提供年鉴电子版的免费下载。

三 《德国统计年鉴》的特点

1. 数据发布与数据解读并重

《德国统计年鉴》非常注重让读者充分了解关于统计数据的各种信息。全书以德联邦统计局主席签署的致读者的说明信为总领，信中介绍了一年内世界，特别是欧洲的总体形势，分析了国际形势对德国经济可能产生的影响，同时介绍了年内德国社会经济发展的最新亮点。可以说这封说明信框定了全书统计数据产生的背景，为科学评价数据发展趋势提供了标尺。

《德国统计年鉴》的每个分目都包括"概要""数据表""方法""汇编"四个部分，除"数据表"以外，其他三个部分都是对数据的解释与说明。其中"概要"部分将本分目中核心指标的数据情况进行了生动介绍，例如2016卷"健康"分目的概要介绍：在德国，居民最主要的支出就是医疗卫生支出；导致住院的第二大病因是酒精所致的精神和行为障碍；住院后有三分之二的人需要动手术等等。"方法"部分主要用于全面解读本分目数据的产生过程和统计方法，"汇编"部分用于解释本分目主要统计指标的含义。

● 2016卷中两个分目的概要

"健康"分目概要

住院病人的两大常见病因是因酒精导致的精神和行为障碍/超过三分之二的住院病人接受手术/十人中有七人需要在家陪护/吸烟导致女性减少超过十年的寿命/更多的医院分娩有同样的剖腹产率/医疗保健领域的积极就业趋势不受限制/人均医疗支出首次超过4000欧元

"住房"分目概要

2013年，48%的住户拥有住房和土地/2014年，17%的住户都认为，住房成本是一个很大的负担/13%的人觉得在住房区存在犯罪和暴力行为/2014年1.4%的私人住房得到住房补贴。

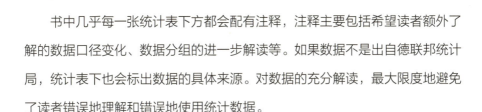

书中几乎每一张统计表下方都会配有注释，注释主要包括希望读者额外了解的数据口径变化、数据分组的进一步解读等。如果数据不是出自德联邦统计局，统计表下也会标出数据的具体来源。对数据的充分解读，最大限度地避免了读者错误地理解和错误地使用统计数据。

2. 经济发展与社会发展并重

《德国统计年鉴》所列示的统计数据非常丰富，从自然环境、社会与国家，到宏观经济及产业发展情况、国际比较等，覆盖面很广，全面反映了德国社会经济发展的现状与历程。当然，《德国统计年鉴》非常注重反映德国的制造业优势，在经济领域部分，编者以全书最大篇幅收录了德国在生产性贸易和服务方面的大量数据。

3. 数据留存与宣传互动并重

统计年鉴既是工具性用书，也是政府统计部门向读者传播统计方法、普及统计知识的阵地。目前，社会各界对统计和统计数据存在一定的误解、误读，甚至不信任，这与政府统计部门宣传解释不够存在一定关系。而《德国统计年鉴》的编辑思想中渗透着互动的理念，让读者不只是在查阅数据字典，还能够了解统计常识，实时感受到阅读的乐趣。

（1）统计图的精准使用。统计图约占全书篇幅的五分之二，醒目、直观地显示了指标的变化走势，与相应分目的统计表紧密配合，便于读者科学理解和分析数据。书中运用统计图的类型也非常丰富，多用柱形图反映总量、用饼图反映构成、用折线图反映速度或效率。统计图的使用提高了年鉴的可视性和生动性。

（2）注重交流互动。统计数据是社会经济信息的主体。然而，广大读者并非都是专业人士，甚至不了解基本的统计常识。《德国统计年鉴》在数据经济关系及分组的层次方面都设计得简单明了，充分照顾了实际情况。《德国统计年鉴》注重在编者说明和每一分目的数据表格后专门解释数据的定义、内涵及统计方法，并科学阐释了统计的专业性与局限性。

（3）注重设计细节

《德国统计年鉴》不设按页码顺序排列的索引目录，而是以颜色口缺和表头的字母顺序设计了两套索引定位方法。颜色口缺是目前字典中常用的一种检索方法，例如用蓝色代表地理和气候类数据，用绿色代表健康类数据等，在书口印上这些色块，只要找准对应色，就可以迅速定位到对应的分目。此外，按表头的字母顺序进行定位是西方出版物常用的索引方式。

为了方便读者，书中还避免使用对开表（覆盖在对开页上的一整张统计表），有效地预防在编辑和阅读时串行。

（4）网络资源丰富

目前，世界各个国家和地区都非常注重改进出版物的传播手段，扩大传播范围。《德国统计年鉴》在出版纸制版的同时还制作了网络版，上载于德联邦统计局网站（www.destatis.de）。网络版提供了全书所有的数据和统计图，读者可以非常方便地提取具体内容。此外，德联邦统计局还提供有多种网上数据资源，包括在线数据库和网络统计杂志，如联邦数据库、区域数据库、费率数据库、人口普查数据库、stat 网络杂志等大量免费数据。

● 对房屋和土地，房地产资产统计方法的说明

收入和支出抽查（EVS）提供了对房屋和土地家庭的调查结果。这是最大规模的住户自愿调查，覆盖约 6 万户家庭。EVS 调查五年进行一次，由于其样本量很大，特别适合为不同家庭群体提供深层结构的结果。整个有代表性的调查样本是在德国私人家庭自愿的基础上进行的。机构和集体住房人群、无家可归的人群未参与

到此项调查中。同样，家庭月净收入在 18,000 欧元及以上的家庭也没有在此项调查中体现，因为这些家庭的数量不多，而且他们对自己的生活状况能够做出中肯的评述，因此 EVS 调查和微观人口普查有着密切的联系：微观人口普查用于确定比率规则，并且还用于对高数据计算和计算错误的调整建立框架。

表格 5.2 中，关于私人家庭的房屋和土地的证据是依据 2013 年 EVS 调查文件"金钱和资产"中私人家庭提供的信息。

● "住房"分目中涉及的部分术语解释

四舍五入　不考虑最终结果如何，收入和支出抽样的结果被自动四舍五入。因此，在各个细节合计时，最终合计可能会有些微的偏差。

所有者家庭 /EU-SILC 包括将家庭包含为业主家庭，也有包括无租金家庭的情况。

家庭 /EVS　拥有独立收入的个体，独立工作，形成有亲属关系或个人关系的集体家庭（也包括非家庭），其既有收入也有消费。这些人必须共同生活在一起，拥有一项或多项收入或共同收入，以及完全或主要依靠家庭财务，或者有自己的资源来维持生计。

租户和承租人，男女分租客以及男女寄宿人不算作家庭，他们仅是居住的形式并且需要照顾。这同样适用于家庭的访客。调查一般不包括在收容中心 / 机构的人员。除退休和养老院之外，防暴警察、联邦警察和联邦武装部队成员，只要他们不是永久居住在兵营之外都属于这一群体。无家可归的人不参加调查。不考虑月收入为 18,000 欧元及以上的家庭的调查结果，因为此类家庭没有参与调查或参与调查的样本人数太少。

EU-SILC　根据欧盟法规第 1177/2003 号第 2 章 f 条，家庭被

定义为住宅中的私人住户，由一个人或几人共同居住，且共同维持其生计和承租其开支。通常情况下，一年中至少居住六个月或者首次登记家庭地址的人，这些人都属于家庭范畴。生活在机构或者社区家庭（住宿、老年人之家、监狱等）的人，不参与此项调查。

》石平平　北京市统计局

德国建筑年鉴

一 《德国建筑年鉴》发展概况

《德国建筑年鉴》（德文名：*Deutsches Architektur Jahrbuch*，英文名：*German Architecture Annual*）创刊于 1980 年，由德国建筑博物馆（DAM）编纂。年鉴每年刊登建筑 25 个左右，这些建筑都是德国 DAM 最佳建筑奖的提名建筑，位于德国境内，或者是由德国设计师设计的。该奖项的评选，是在德国各州建筑协会提名的基础上，由德国建筑博物馆组织的三人团队先评选出 100 个建筑的大名单，再

《德国建筑年鉴（2018）》封面

邀请社会各界人士进行投票，最终有 4 个建筑获奖，其中 1 个是获奖建筑、3 个是入围建筑。年鉴的出版商几经更换，2017 卷起由德国 DOM 出版社出版。

DOM 出版社是一家专业出版建筑类图书的公司，其工作人员由图书编辑、平面设计师和建筑师组成，主要出版建筑基础知识、系列手册和建筑指南类图书，除了主要以英文和德文出版外，还使用俄文、法文、意大利文、西班牙文，以及中文（包括繁体和简体）出版，拥有全球图书分销网络。其中建筑指南系列图书按国家或城市编辑分册，在全球很多国家畅销；简体中文版名为《建筑地图》，由华中科技大学出版社出版。DOM 出版社在很多国家和地区设有分支机构，其中在我国深圳设有代办处。

《德国建筑年鉴》创刊时间不长，但是年鉴的卷号命名却时常变化。首卷出版于 1980 年末，内容断限为 1979 年，但是觉得卷号使用出版年给人出版时间不及时的感觉，遂将卷号命名为"$\frac{1980}{1981}$"，第二卷命名为"$\frac{1981}{1982}$"；但第三卷卷号改为了"1983"；之后 1984 卷分为两卷，分别是"1984.I"和"1984.II"；1985 至 1988 为两卷，分别是"$\frac{1985}{1986}$"和"$\frac{1987}{1988}$"；1989 卷起又恢复为"1989"，直至 2006 卷；2007 年起，还是觉得用出版年作为卷号给人感觉出版不及时，所以又将卷号恢复至两年，但改为"2007|08"，2008 年为"2008|09"，一直出至"2015|16"；2016 年与 DOM 出版社合作出版后，调整了内容断限，改为每年 1 月出版当年卷，随后于 2017 年 1 月出版了 2017 卷、2018 年 1 月出版了 2018 卷。

二 《德国建筑年鉴（2018）》介绍

● 《德国建筑年鉴（2018）》目录

　　《德国建筑年鉴（2018）》出版于 2018 年 1 月，断限为 2016 年 1 月至 2017 年 6 月，收录了其间竣工的 25 个建筑，其中 23 个位于德国、1 个位于南非开普敦、1 个位于中国上海。该年鉴为德英对照版本，文字部分左栏为德文、右栏为英文，图注等其他内容采用上德下英的形式。该年鉴采用方脊硬壳精装彩印，尺寸约为 225mm×285mm，从扉页起统一编排页码，全书共 256 页，全书厚度约 24mm，正文厚度约 16mm。封面为获得 2018 年最佳建筑奖的建筑照片，封底是年鉴目录。

　　依据目录，全书分为 9 个部分，依次分别是：2018 德国 DAM 最佳建筑奖获奖建筑（序号为 01）、入围建筑（3 个，序号为 02~04）、前言、文章（汉堡土地分配模型）、候选建筑（18 个，序号为 05~22）、特别提名建筑（1 个，序号为 23）、文章（每个城市都需要一座音乐厅吗？）、德国建筑博览会候选建筑（2 个，序号为 24~25）、附录（包括 DAM 年度报告、建筑奖、DAM 赞助商、合作友人、图片来源、作者、悼文、1980~2018 年建筑师索引、版本说明）。

　　年鉴的主体是对 25 个建筑的介绍。每一座建筑的介绍都采用图文并茂的形式。图片包括该建筑与周围建筑的方位关系图、建筑平面图和剖面图、不同角度的照片、公用建筑还有内部照片。文字包括对该建筑的评价、建筑理念、建筑特点等内容。

● 在每篇文章的最前面，都附有这样一张所介绍建筑与周围建筑的方位关系图

ARGE bogevischs buero / SHAG Schindler Hable
Wohnanlage wagnisART, München

Kritik **Peter Cachola Schmal**

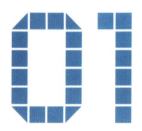

Architekten / Architects
bogevischs buero
Schulstraße 5
80634 München
www.bogevisch.de
Julius Klaffke, Projektleiter
Cornelia Müller, Projektmitarbeiterin

SHAG Schindler Hable Architekten GbR
Kistlerhofstraße 70
81379 München
www.sh-ag.org
Udo Schindler, Projektleiter
Walter Hable, Projektleiter

Bauherren / Clients
Wohnbaugenossenschaft wagnis eG

**Projektsteuerung /
Project management**
EDR GmbH, München

**Tragwerksplanung /
Structural engineering**
Henke Rappolder Frühe
Ingenieurgesellschaft mbH, München

**Haustechnik / Building
services engineering**
EST GmbH, Miesbach

**Heizung und Sanitär /
Plumbing and heating**
EST GmbH, Miesbach

Elektro / Electrical engineering
Planungsbüro Meixner, Neubeuern

Brandschutz / Fire prevention
K33 Brandschutz, München

**Landschaftsarchitektur /
Landscape architecture**
ARGE bauchplan mit auböck kárász,
München / Wien

Bauphysik / Building physics
Steger & Partner GmbH, München

Akustik / Acoustics
Steger & Partner GmbH, München

Standort / Location
Fritz-Winter-Straße 7–16
80807 München

Fertigstellung / Completion
Sommer 2016

Fotografie / Photography
Julia Knop, Hamburg

● 在每篇文章中均附有这样多角度的建筑图

Grundriss Erdgeschoss
Ground floor plan

Grundriss 1. Obergeschoss
First floor plan

Grundriss 2. Obergeschoss
Second floor plan

Schnitt durch den Neubau im Osten auf Höhe des Atriums
Section of the eastern part of the new building through the atrium

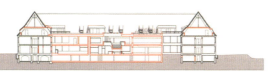

Schnitt durch den Hofbereich mit dem Neubau
Section of the courtyard area and new building

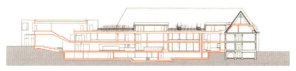

Längsschnitt durch den östlichen Teil des Neubaus und den Bestand
Longitudinal section of the eastern part of the new and old buildings

**Die Dachterrasse wird an drei
Seiten von dem steilen Satteldach
des Bestandsgebäudes gefasst.
Die nur partiell ausgebesserte
Biberschwanzdeckung bietet ein
erfrischend lebendiges Farbenspiel.**
The roof terrace is framed on three
sides by the steeply pitched roof. The
plain-tile cladding has only partially
been repaired and offers a refreshing,
lively interplay of colours.

三 《德国建筑年鉴》的特点

《德国建筑年鉴》是典型的商业年鉴，同时又不失专业性，所以其自身特点是非常鲜明的。

1. 年鉴主体内容突出

作为与德国建筑博物馆合作的专业建筑年鉴，该年鉴在内容编排上充分体现了对德国 DAM 最佳建筑奖的记述。与绝大多数年鉴不同，该年鉴的前言放在了获奖年鉴和入围年鉴的后面，而不是最前面，甚至目录被安排到了封底、年鉴主办方的年度报告被放在了附录里，所以一打开年鉴，首先看到的就是获奖建筑和入围建筑的介绍。这种排序让读者一下就看到年鉴中最重要的内容，这些最重要的内容也就会给读者留下最深刻的印象。同时，对 25 个建筑的记述共 194 页，占到了全书的 76%，这个比例也足以说明问题。

2. 年鉴内容的专业性突出

作为一部专业年鉴，是否具有较高的专业性，应该是衡量其价值的重要依据。国内众多专业年鉴实际上是部门年鉴的翻版，而该年鉴则完全不同，处处突出其专业性。作为德国建筑博物馆主持编纂的年鉴，全书仅用了 7 页记述博物馆的情况，内容是馆方举办的重要的展览、讲座、研讨会、教育活动和图书出版情况、获奖情况，并无国内年鉴常见的领导活动、部门工作等内容。对建筑的选择，没有类型、面积等的限制，既有新建的，也有改建的，充分体现了建筑选取范围的全面性。对建筑的介绍特别详细，除了国内年鉴常见的各种外部、内部照片，还使用了建筑平面图和剖面图，有的还有施工过程中的照片，这在国内年鉴中几乎是看不到的。全书也没有广告，因为编者认为图书作为文化传承的重要载体，刊登广告会影响其形象，所以取消了广告。正是基于高度的专业性，该年鉴的发行量达到了 3000 册，其受欢迎程度可见一斑。

3. 构建了完整的营销体系

《德国建筑年鉴》不是孤立的，而是与每年的《德国建筑导览》、德国 DAM 最佳建筑展览和德国 DAM 最佳建筑奖网站（www.dam-preis.de）共同构成一个营销体系，发挥规模效应。《德国建筑导览》负责刊登 100 个入围建筑的大名单，于前一年 10 月出版，对最佳建筑奖的颁布进行预告，同时该书也可以作为旅游导览手册，所以该书对建筑的排序是按照建筑所在区域进行的；每年 1 月，最佳建筑奖颁奖、最佳建筑展览开幕、《德国建筑年鉴》公开发布会放在同一天，达到最大影响和最佳效果；之后，所有建筑资料收入最佳建筑网站，形成一份记录德国建筑活动的可公开访问的数字化编年史。正是这样一种全方位的营销体系的构建，使得《德国建筑年鉴》的影响不断扩大，市场反应良好。

● 对 2018 德国 DAM 最佳建筑奖"wagnis 住宅群"的介绍

"wagnis 住宅群的愿景是建设一个内城区，根据各个年龄段居民和周围人的需求，为居民提供愉快、便利的生活条件。（...）wagnis 住宅群旨在让居民体验社区般的睦邻、创新和自主的生活和工作方式。——www.wagnis.org

这当然是一个吸引人的目标，谁不想过这样的生活呢？尤其是在像慕尼黑这样一个以残酷住房市场著称的大城市。

如果您亲临现场，您会发现二维照片远不能展示这座独特的住宅项目及其架构。住宅群由五个不规则建筑物组成，围绕着两个庭院布置，而漫步其中才是感受这个住宅群空间排列的最佳方式。建筑群分为两个层次。在底层，数条宽敞大道、一个石头庭院和一个植物庭院串联着各个建筑物；三层和四层由多个连桥衔接，进一步增强了场地的魅力。建筑师称之为"大型城市剧院"，实际上也可以说是一个村庄在大城市中平地而起，这个村庄的 300 名居民中有 100 个是儿童，前景光明。

作为致力于社会福利的最佳设计项目，wagnisART 毫无悬念地荣获了 2016 年德国城市设计奖（Deutscher Stadtebaupreis）。这也显示出建筑师对该项目高度重视，因为这种认可会引起人们对他们职业责任的关注。wagnisART 是与现有开发计划斗争的产物。2002 年，当地事务所 Ortner & Ortner Baukunst 计划在该地块建造三座 U 形的长方形建筑，同时也是作为 DomagkPark 总体规划的一部分，而 DomagkPark 前身是 Domagk 营房，是位于施瓦宾区（Schwabing）北部的新居住区。但合作社和未来规划者最终免于遵循常规总体规划，获批进行独立开发。这是 Bogevischs buero 建筑师事务所和 SHAG 建筑师事务所得以开发这个非常规产业的唯一原因，意在打造一个"全新的城市街区"。

第一批租户入住已经快两年了。很显然，合作社获得了它想要的公共建筑。屋顶花园和宽敞楼梯间内的壁龛和小广场成为最受欢迎的聚集场所。居民们拥有大量公共空间，包括艺术工作室、工作坊、洗衣房、缝纫室、儿童游乐室、排练室和各种规模的功能房间，以及一间公共餐厅 GastHaus im Quartier。住在这里的人不会觉得孤单，甚至相邻街区的家长也会带着孩子前往住宅群内郁郁葱葱的开放式花园。

建筑师鼓励未来的居民参与规划过程，这种参与式设计方法尽管挑战了建筑师的自主权，却使他们能够充分解决未来居民的想法。在规划阶段开始时，未来的居民在工作坊期间展示了许多大型模型，表达出了他们对庭院和连接院子不同部分的通道的渴望。做深入规划时，建筑师和居民反复参考上述模型。Bogevischs buero 建筑师事务所具有丰富的协作设计经验，与 wagnis eG 合作社有过多次合作。wagnis eG 合作社成立于 2000 年，2008 年完成了公社项目 Drei Hofe（88 个住宅单元），2010 年完成了 wagnis 3（100 个住宅单元）。从这些经验中，建筑师认识到，应当尽量避免过度异质性和个人主义。

wagnis eG 从项目中同样获益良多，所以现在其供应各种规模的公寓，应用各种类型的融资模式。30% 的公寓有补贴（每平方米租金 5.50 欧元），40% 的公寓作为 Miinchen Modell 计划（针对有孩子的中产家庭）的一部分（每平方米租金为 8.50 欧元）。合作社还将公寓投放自由市场，租金约为每平方米 13 欧元，但仍比慕尼黑市的一般价格（每平方米租金为 17 欧元）便宜得多。所有的住宅单元都是相同的，均匀分布在建筑中，这样就不会出现有收入差别的小群体。这一布局仿照了住宅合作社 Genossenschaft Kalkbreite 在苏黎世成功实施的"公寓集群概念"。这一概念源于面向专业人士的传统公寓合租理念，唯一的区别是，每个居民现在都有自己的小厨房和浴室，共用一个更大的生活空间，如露台等。基于此概念，8 个公寓群中共设置了 53 个一居室公寓，每个公寓群包含 6~10 个单元。

住宅群的另一大特色是其共用的地下停车场，停车场连接了所有五栋建筑，每两个公寓设置一个停车位，但停车场的一半都没有停满。显然，环保意识强的居民更喜欢乘坐公共交通工具。现正将余暇空间改造成新的公共区域，扩展工作坊，建设公共桑拿室。

建筑的外观设计遵循了原先总体计划的特点，采用淡灰白色涂料，与周围环境保持一致。但是 wagnisART 还应用了环保的建筑隔热材料，这一点对于注意环保的合作社至关重要。建筑物采用钢筋混凝土框架结构承重，外墙主要由具有幕墙外立面的木质框架构成。

德国未来的住房开发项目必然会追随 wagnisART 的脚步，我们只能寄希望于此类建筑群能在未来大获成功。与此同时，其中的住户也会如维也纳、柏林和苏黎世的住户一般，从这种住房形式及其特殊性中大大受益。当然，一小部分公寓会提供给客人居住，合作社或许从一开始就应该计划更多的客用公寓。无论如何，评审团成员在参观现场后对该住宅群印象极其深刻，非常高兴地将 2018 年 DAM（德国建筑博物馆）奖授予了 wagnisART 项目。

>> 崔　震　北京市地方志编纂委员会办公室

模型建造年鉴

一 《模型建造年鉴》发展概况

《模型建造年鉴》（Modellbau-Jahrbuch）由德国格拉蒙德出版有限公司（GeraMondVerlag GmbH）出版，每年一卷，主要登载飞机、车辆、船舶等塑料模型建造领域的年度亮点、发展趋势和相关背景。

格拉蒙德出版有限公司隶属于GeraNovaBruckmann出版社，总部设在德国慕尼黑。出版社于1989年成立，出版范围包括图书、杂志、DVD收藏版、日历，以及摩托车、汽车、铁路、航空、交

《模型建造年鉴（2017）》封面

通、军事模型和应用程序。

二 《模型建造年鉴（2017）》介绍

● 《模型建造年鉴（2017）》目录

《模型建造年鉴（2017）》于 2016 年 1 月出版，德文编写，售价 9.90 欧元。开本为大 16 开（210mm×280mm），共 98 页。全书彩色印刷，封面设计采用了飞机、坦克、汽车、摩托车模型等色彩鲜艳的图片，凸显特色。

年鉴不分类目，共有 17 篇文章，文章中根据内容的需要配有众多的大幅插图及表格和饼状图。文章展示了 2017 年塑料模型建造的亮点、趋势和背景，表格反映了 2017 年德国和国际模型建造领域不容错过的重要日期与事件、收录了超过 300 个模型制造厂家的情况概览。文章的体裁以说明为主，穿插有叙事，文风生动风趣。具体内容包括 2017 年模型建造的趋势和主题如：由模型迷们提名的 2017 "年度模型"奖候选作品；第二次世界大战"虎式"坦克模型的制作；1914 年萨拉热窝奥地利王储遇刺时乘坐的汽车模型；日本的模型建造商；超级立体模型展示；模型构建和复杂动画技术在电影制作中的应用；模型颜色的选择辨别与色调效果体验；民用机械模型的回顾与展望；模型建造界著名人物霍斯特·普莱斯尔小传等。

三 《模型建造年鉴》的特点

1. 汇集行业年度精粹

《模型建造年鉴》是一部逐年编辑出版的展望模型建造业发展、介绍业界趋势和背景、展示模型精品与亮点的主题读物。年鉴内容以文章形式呈现，既有模型建造业内资讯动态，也有"年度模型"评选候选作品介绍、模型精品展示，还包括人物通信特写。《模型建造年鉴》的编者模型迷编辑部，同时也在编辑出品《模型迷杂志》（ModellFan）月刊和《模型与颜色》《制作模型应用》等模型制作专业书籍，编辑部致力于详细报道模型制作领域新闻热点，为专业人员和初学者提供飞机、车辆、船舶等各类塑料模型和最实用的技巧，这使得《模型建造年鉴》能够厚积薄发，站在行业前沿和专业制高点，纵览年度业界风云，聚焦模型领域事件、人物和作品，引领读者"进入年鉴所描述的模型制作的迷人世界""从非同寻常的角度欣赏模型制作时代"，成为一部模型制作领域的百科全书。

2. 杂志风格，年鉴视角

《模型建造年鉴》内容在 100 页以内，轻巧便携，善于使用浓墨重彩的图片，具有强烈的视觉冲击力。如 2017 卷中，除广告页之外总计使用跨页大幅彩色图片 15 张、页内中幅图片和小幅图片 225 张，给读者带来了一场视觉盛宴。而作为一本年鉴，《模型建造年鉴》不仅具有很强可读性，而且以广阔的视野和全局的高度，扫描记录年度塑料模型行业发展趋势、重要事件、模型制造区域发展状况、最新技术成果、模型制造者和模型制造厂商等诸多方面的信息，很好地体现了年鉴全面性、资料性的特点。

● 年鉴中配有很多大幅插图

Die Bemalung dieses japanischen Schwimmpanzers ist schon deutlich stärker beeinflusst von der Idee des zenitalen Lichteinfalls. Die Grautöne sind so aufgebracht, als stünde das Fahrzeug direkt unter der Lichtquelle

Bei diesem Panzer V Panther Ausf. G folgt die Bemalung des Turm dem zenitalen Stil. Bei der Wanne kann man das schon nicht meh eindeutig sagen. Auf den Betrachter wirkt das fast schon wie ein Stilbruch

Wenn Modelle so umfang- und detailreich lackiert und bemalt wurden, kann man das Ergebnis gar nicht so einfach und eindeutig einem Stil zuordnen. Hier spricht einiges für ein Übergewicht des Farbmodulationsstils.

Doch nicht nur das gemalte Licht, sondern auch zahlreiche andere durch Bemalung darstellbare Effekte gehören heute zum festen Kanon des gegenwärtigen Modellbaus: Dieser VT-34-Bergepanzer fällt durch seine starken Rost- und Wasserlaufspuren (Kalk)

oder einer konkreten Technik ausgerichtet waren.

Überhaupt waren Farbsets mit sechs bis acht, seltener sogar noch mehr Farber plötzlich der große Renner und sind es wohl immer noch. Einige Hersteller legen dem jeweiligen Set eine entsprechende Bemalungsanleitung bei, di den Kunden regelrecht an die Hand nimmt. So steigert man den Nutzwert seines Angebotes!

Bleiben Sie kritisch

Doch da jede Medaille auch eine Kehrseite hat, sollte man nicht ganz unkritisch alles verwenden, was Hersteller in Sets packen oder dort empfehlen. Man sollte sich selbst immer darüber klar sein, ob die Zusammenstellungen dem eigenen Empfinden entsprechen. Also bitte auf keinen Fall aus Bequemlichkeit der eigenen „Farbentmündigung" zustimmen! Schließlich fragt so mancher wohl mit Recht, ob denn jedes Farbset unbedingt gleich sinnvoll sei. Und die Antwort, wie könnte es auch anders sein, lautet: natürlich nicht! Manches Set scheint Ausdruck des Umstandes zu sein, dass man herstellerseitig häufig einen gewissen Neuheitendruck verspürt, um Marktanteile zu besetzen. Das heißt aber nicht, dass diese Sets deshalb „schlecht" wären. Man sollte sich allerdings selbst immer fragen, ob und wie oft man bestimmte Setlösungen selbst zu verwenden gedenkt.

Einen Teil des gewaltig gestiegenen Angebots verdankt die Modellbauwelt also einer deutlich stärkeren Wissensbasis. Die daraus gewonnenen Erkenntnisse

Meilensteine Vorbild und Modell | 75 Jahre Panzerkampfwagen Tiger I

Tiger und Modellbau

Sogar im Modellbau werden die zahlreichen Beschuss-schäden, die ein Tiger aus-zuhalten in der Lage war, detailliert wiedergegeben

Tiger I Auf. E in Wintertarnung eines der berühmtesten Tigerasse. Es handelt sich um den Wagen von Michael Wittmann, Januar 1944 in Berdichev

Allerfeinste Lackschäden (scratches) kennzeichnen dieses Modell eines frühen Tiger I

Auch als Hauptdarsteller im Diorama ist der Tiger immer ein gern gesehener Gast. Diese Tiger-Besatzung scheint sich mal ganz unmilitärisch von ganz anderen Reizen ablenken zu lassen

3. 把握市场需求

　　《模型建造年鉴》的编者模型迷编辑部所编辑发行的《模型迷杂志》，是德语读者喜闻乐见的刊物，每月在德国、奥地利和瑞士的火车站、书店、报刊亭都有大量销售，这也为《模型建造年鉴》培养了特定的读者群。《模型建造年鉴》从组稿、编辑到发行都采用市场化模式运作，年鉴编辑非常了解读者群体的需求，年鉴文章往往能用鲜明的标题和导语直击主题，如 2017 卷中："即将到来的模型制作重要的趋势和主题是什么？""日本成功模型建造者众多的原因是什么？""颜色高潮！——油墨制造商如何通过模型建造者创造出产品？如何组装你的个人调色板？""谁做什么？——制造商概览……第一次超过了300个生产厂家！"正如编者所阐述的那样，要带领读者开启"一场疯狂的穿越模型制作的宇宙之旅"，所以在年鉴编排上更能贴合受众的心理预期，从而带给读者震撼的阅读体验。

4. 致用品质，人文情怀

《模型建造年鉴》是一部极具实用性的年鉴，也是一部有情怀的年鉴。《模型建造年鉴》展示模型建造趋势和亮点，介绍军事和民用机械模型、超级立体模型、模型制作最新技术，以及模型制作在生产生活中的应用，处处彰显着德国重工业技术水准。在讲述历史上著名战车、交通工具在模型建造中的应用时，自然而然地带领模型迷回顾相关的历史故事与传奇，比如第二次世界大战中传奇坦克"虎Ⅰ"型、1914年在萨拉热窝遇刺的奥地利王储乘坐的"命运之车"。年鉴不仅关注模型制作的大事和物化的模型本身，也观照模型背后的制作者，讲述模型设计领域杰出人物的情感、追求、奋斗与作品、成就，收录知名设计者的照片，并且附上姓名、年龄、居住地、职业，字里行间无不流露出主人公对模型制作事业的钟情热爱，体现出作者对工匠精神的褒扬，由此使年鉴带有温度、充满了人情味。

● 对虎式坦克模型的介绍内容节选

虎式坦克和模型建造

几乎没有一个模型建造展览，能让你无法找到这种类型的模型的数量。很大一部分可以归于已经解释过的传说。虎式坦克是在模型建造中非常受欢迎的一款坦克模型。但是有没有其他原因，让虎式坦克模型在展览和市场上非常突出？在下面我们将考虑模型制造商和生产商方面。

模型制造商是该技术的重要组成部分。毫不奇怪，这款战车在当时极具战斗力，以其巨大的重量、直达轴驱动和大威力主炮等特点引起了人们的兴趣。虎式坦克本是不能够被延续的德式坦克，因为人们已经适应了它的存在。它虽然有很多技术上的缺陷，但它的华丽特点是值得纪念的。每个人第一眼都能认出"虎Ⅰ"型。还有一种情况，虎式坦克模型很容易手持。

当然，模型建造中 Tiger-Crew 比例，对于画家也是，大比例下的全身像和半身像，特别是 1∶35 的比例，还有 1∶48 和 1∶72。

》高　杰　北京交通大学

树木年鉴

一 《树木年鉴》发展概况

德国《树木年鉴》创刊于 1997
年，由海马基特媒体有限公司出
版，自 1997 年起每年出版。编者
德克·杜杰瑟夫肯博士、教授是德
国树木协会主办者。2017 年的这
本《树木年鉴》比前几年的年鉴涵
盖范围更广，包含了奥格斯堡第 25
届树木保护大会活动中科学海报展
览和口头演讲的内容。

本系列丛书多年来一直是非常
全面的专业参考书，也是一本城市
树木的独特教科书，它常被有经验
的从业者、专家和科学家作为信息

《树木年鉴（2017）》封面

来源，在这里可以找到最新的专业知识和准确的科学知识。

按照目前的统计，在所有已出版的 21 本《树木年鉴》中，有 650 余篇关于树木培育的文章。文章附有相应的插图、表格等。自创刊以来，所有文章的作者、关键词和完整的索引被列在全书的最后部分。该年鉴有电子版，可以访问树木保护大会的主页（www.deutsche-baumpflegetage.de）来查找。2016 年，出版商海马基特媒体有限公司上传了所有（包括已经绝版的）年鉴中的文章，读者可以购买电子版。

二 《树木年鉴（2017）》介绍

● 《树木年鉴（2017）》目录

　　《树木年鉴（2017）》于 2017 年 3 月出版发行，德文编写且有英文概要，单篇文章后附有作者简介和照片。书体为 32 开本（155mm×238mm），共 431 页。全书彩色印刷，封面以红黑绿三色设色，体现了专业年鉴的庄重权威。本书由德克尔媒体公司排印、格雷布什＆罗克印刷有限公司印刷，印刷采用无氯漂白纸张。"2017 树木年鉴"电子书也同时上线，访问 www.united-kiosk.de 可以查看，并可以按页下载。

　　《树木年鉴（2017）》收录了 32 篇关于树木护理、树木检验和气候变化的文章，是植物学家的综合参考资料。全书包含四个专业栏目，如未来工程："绿色城市 2021"、树木和气候变化、树木检查和树木培育、科学报告。

　　在"未来工程：'绿色城市 2021'"栏目中，本书围绕树木在城市中的种植位置、基础、品种等方面展开，以巴伐利亚州三个地区的树木生长为案例，介绍了城市土壤、气候对树木种植的影响，提出了一些问题及解决方案，并从育苗的角度对树种和品种进行了评价。在"气候变化与树木"栏目中，本书收录了有关城市树木的耐旱性、冠层切割措施对樟子松苗木病害的影响、树木护理中的树木生命周期等研究文章。

在"树木检查和树木培育"栏目中，主要收录了树木检查的类型依据、枯老树木的不同研究方法、根系损坏的管理员责任等研究文章。在"科学报告"栏目中，主要收录了一些城市树木相关问题的具体研究案例，比如柏林濒临灭绝的菩提树的发展，欧洲鹅耳枥树皮上的两种新的真菌在德国的传播和流行等。

此外，《树木年鉴（2017）》目录中还包含了1997~2017年的树木年鉴总目，读者可以通过下设的"作者目录"和"关键词目录"查询已出版的21本树木年鉴中包含的专业文章。

三 《树木年鉴》的特点

1. 图文并茂、通俗易懂

虽然专业性较强，但《树木年鉴（2017）》并非一本晦涩难懂、让人望而却步的专业年鉴。即便是非专业人士，翻开这本书时也会产生一些兴趣。因为全书除了文字内容外，还配有十分生动丰富的插图、表格、柱状图、饼状图、地图等，在一些数据较多的图表中，还采用不同色彩进行区分，让读者一目了然，极大地增强了可读性和趣味性。比如，《树冠结构的介绍》一文配有11张内容丰富的绘图，对各种不同类型的树冠进行了介绍。这些插图生动形象、醒目直观，有助于读者更好地理解和记忆相关知识，有效地提升了本书的信息密度。

2. 选材灵活、体例生动

与中国的专业年鉴注重反映行业内上一年度重要活动、发展水平、基本成就等不同，《树木年鉴》虽然也有资料工具书属性，但在文章的选取收录上，并不局限于上一年度的内容，也不局限于单纯选录资料性文献，而是打破时间轴顺序，以不同的主题为线索，将一类主题的文章集中在一起，更有助于读者从不同角度深化对单一主题的理解。

同时，《树木年鉴（2017）》除了收录基础性文献资料以外，还收录了一些具体翔实的城市案例，并对相关课题进行了具体而微的分析研究，据此进一步提出问题和解决方法。比如，在"区域气候对树木生长的影响"这个话题下，收录了巴伐利亚州三个地区案例的有关文章；在研究"城市绿化中的病毒性疾病"这个课题时，收录了在柏林施特格利茨区的研究文章。这类具体案例提升了全书的借鉴参考价值。

3. 立足全局、注重互动

与中国的专业年鉴仅收录当前信息不同，《树木年鉴（2017）》不仅关注业界当前动态，也注重行业的未来发展；不仅收录资料，也十分注重与读者的互动。这主要体现在两个方面：一是在全书的文章编排选取上，除了收录论述型文章外，也收录了一些问题型文章。比如，在"未来工程'绿色城市2021'"这个栏目下，收录了《树木基础——在城市实践中多种多样的基础》和《街道上树木的基础是不是达不到标准上的满足？》两篇文章，这不仅有助于加深读者对该主题的理解，也展现了编者立足当下、展望未来的视角，更有利于提出问题、拓宽思路，加强与读者的交流。二是在每篇文章的最后，都附有文章作者的介绍及联络方式，比如联系电话、传真或邮箱等。这更好地搭建了作者与读者沟通的桥梁，大大丰富了相关问题进一步探讨、研究的可能性与渠道，有利于促进全行业的高效率交流和长远发展，充分显示了编者立足全局、面向未来的宏观意识。

❯ 唐斐婷　北京年鉴社

另类年鉴：被隐藏、被掩盖、被遗忘的

一 《另类年鉴：被隐藏、被掩盖、被遗忘的》发展概况

《另类年鉴：被隐藏、被掩盖、被遗忘的》(*Das andere Jahrbuch : Verheimlicht, Vertuscht, Vergessen*，以下简称《另类年鉴》)由德国 Droemer Knaur 出版社主办，创刊于 2007 年，每年出版一卷。

2007 年 1 月出版的第一版《另类年鉴》就卖出约 16000 本，接下来的第二版《另类年鉴》迅速获得平装非小说畅销书榜首。2014~2016 年，由于过去几年出现的一些神秘刑事案件使内容变得"神秘、离奇、不清晰"导致的超负荷，该书停止出版。2017 年，该书经过重新编辑加工，按照读者的要求做出调整，以精装书的形式出版发售，致力于为读者提供更真实、精确、轻松的内容，很快又赢得读者的青睐。

该年鉴的作者盖尔哈德·威斯纽维斯基 (Gerhard Wisnewski)一直致力于研究现实中的隐晦面和尖锐问题，自 1986 年以来一直担任全职记者、作家和纪录片制作人。如今，他被《明镜周刊》认为是"当代反时代精神"的先驱之一，他总是顶着所有的打击与攻击，揭开那些神秘的面纱，还原事件的真

相，让读者去了解真正的世界。

二 《另类年鉴（2017）》介绍

《另类年鉴（2017）》于 2017 年 2 月出版，德文编写。全书精装，开本为大 32 开（13.5mm×21mm），共 272 页。年鉴的封面历年来一直保持白色底色，黑色字体加红色画线突出显示三个关键词：被隐藏（verheimlicht）、被掩盖（vertuscht）、被遗忘（vergessen），揭示那些没有出现在媒体上的事实，也是该年鉴的写作宏旨。封面的左上角有五星 10 年的字样，表达出这是该年鉴自创刊以来的第 10 个精装版本，更具有珍藏意义。年鉴内容采用黑白印刷，版面简洁朴素。

该卷按照日期排序，在书口处设有月份梯标以便检索，采用叙事文体，文字简短、朴实。针对 2016 年发生的隐蔽事件、神秘事件，包括一些媒体未报道，或报道不实、被刻意隐瞒、歪曲的事实等，年鉴都进行选取并做出相应的解读。其中，每篇文章记述详尽，包括事件的前因后果、背景情况等，更添加许多采访内容。在一些难以理解、想象的部分，插入相应的图片，帮助读者更好地理解内容。由于年鉴所记载的内容为隐蔽事件，许多信息都是鲜为人知的，其真实性容易受到读者的质疑，全书采用图片资料和口述资料结合的方式，两部分内容互为补充，为资料内容的真实性保驾护航。

三 《另类年鉴》的特点

1. 揭示真相，记录未出现在大众纸媒上的事实

该书作者威斯纽维斯基曾经这样说过："我们生活在一个充满宣传、谎言、

虚假情报的'艺术世界'。为此我至少愿意尽绵力去补救它"。时任美国中央情报局局长威廉·凯西（William Casey）在 1981 年引用了他的观点："只有当美国民众认为它是错误的时候，我们的宣传才是有效的。"我们只要翻看该年鉴的目录，从内容、选题就可以看出《另类年鉴》的旨趣所在和良苦用心。年鉴按照时间顺序，为我们梳理了年度每个月份发生的重大和值得关注的新闻事件和焦点话题。如：1 月 1 日的《元旦前夜的侵犯：犯罪者是否越狱到欧洲？》、2 月 1 日的《小心，辫子：反对德国人的种族主义》、2 月 26 日的《英国：前首相布莱尔为何让移民涌入英国？》、3 月 2 日的《发现残骸碎片：马航 MH370 谜团解开？》、5 月 10 日的《格拉芬的匕首刺杀：需要隐藏什么？》、6 月 23 日的《默克尔是欧洲的"头号国家公敌"》、7 月 4 日的《阿耐塔·K 的蜘蛛网：前斯塔西女人是如何恐吓公众和互联网的》、11 月 8 日的《美国总统大选：麦克老鸭还是超级英雄？》。最后还有年度总结性综述《趋势：一幅大作》。从这部分题目，就可以看出作者视野之宽广、选材范围之博大、写作态度之严肃。正如作者在前言中所讲述的："本书的灵感不仅来源于像 2001 年 9 月 11 日'9·11'事件的思考，也来源于在一年中发生的所有事件，或者至少是大多数重要的事件和问题。我知道我们的媒体和政治家们不仅在大事上撒谎，而且在一年的大部分话题中都操纵着这些东西。这就是为什么我们不得不思考那些看似不可能的事情，从而接近真相。"《另类年鉴》的可贵品质就在于它的揭示真相、还原事实的不懈追求。

2.揭示事实本质，提炼价值判断

《另类年鉴》并非对事件平铺直叙而暗含观点，而是经常直接揭示主题，充满是非曲直、褒贬损益的描述，并做出趋势分析。例如，作者毫不留情地批揭德国总理默克尔，认为她接收欧洲难民是允许对欧洲外部边界的"攻击"，可以与欧元危机相提并论。作者在年鉴中所能做出的准确判断，源自他长期对问题的关注和思考。比如，他曾经在"柯普在线"（Kopp Online）以及之前的年鉴上就移民问题提问并解答，认为德国和欧洲的移民浪潮并不是巧合，而是有针对性地攻击，目标是欧洲的古代文化，武器是（无辜的）人；2015 年 8 月 25 日，就在默克尔总理刚刚开放难民潮边界之前，作者已经写到"难民入侵"的问题了；在柯普出版社，他于 2016 年还发表了题为《不可思议的、令人难以置信的 2016 年》并揭示查理周刊恐怖袭击真相的文章。正是长期的话题跟踪，威斯纽维斯基才成为该类事件的价值提炼器，为读者提供了令人耳目一新的观点和视角，使得《另类年鉴》受到欢迎。

另外，年鉴中的这种判断，也表达出作者对新闻报道缺陷深刻理解，他不无遗憾地说："唯一困扰我的，是过去式。"确实，一切新闻实质上都是"旧闻"，它具有事实上的确定性，但也会受到歪曲，不能满足受众对信息的确定性需求。而有良知的媒介能还原新闻（抑或"旧闻"）的确定性，并提炼、提升出新闻的追加价值，如判断新闻事件的轻重缓急、揭示实质、做出预测等。《另类年鉴》即做出了很好的诠释，作者在 2017 卷中自誉："我可以这么说，关于这个话题，我以前的年鉴中所做的几乎所有预测都在 2016 年实现了。"

传播就是这样一个在不确定性中寻找确定性的过程，并在一个开放的系统中形成新的更高层次的不确定性，让人有所思所求，从而产生价值。《另类年鉴》通过年度重大话题的选取、梳理和揭秘，代表一种视角、一种眼光、一种评判，具有庄重的社会仲裁感，体现出的是作者的真知灼见和发现线索能力。而正是这样一种为真相增值的创作活动，让传播者凸显自己的主体性和公信力。大数据时代，我们所缺乏的不是数据和事实，而是价值的发现、发掘和判断。这一点，将给中国的年鉴以启示：一部好的年鉴就是一个完整、齐备的评价体系，应该有一套高蹈宏阔的价值评判标准，并得出令人信服的结论。

3. 科普性和阅读趣味性的结合

我国把年鉴定位为资料性工具书，一般来说较少有阅读的愉悦性，而《另类年鉴》的选题和记述多数是引人入胜的。但由于记述的内容多为隐蔽事件，很多资料都是公众不熟悉、难以接触的，有些事件涉及专业知识，很大程度上加大了理解难度。因此，该书将事件发生的背景等一些必要的因素穿插在文章中叙述出来，并配合图片等方式，降低理解难度，提高了可读性。例如，2017 卷中《发现残骸碎片：马航 MH370 谜团解开？》一文详细记述了马航 MH370 发现残骸碎片的事件，其中不只介绍该架飞机失事的前因后果、碎片发现过程等内容，更是将该架飞机的之前的打捞经过、其中的疑点、研究人员的观点看法等问题一一阐述，增加了科普性与趣味性，让对这类专业知识一无所知的读者也能从容阅读。

《另类年鉴》，另类人，带给我们的不仅是真相，还有期盼。

》肖重斌　中国社会科学院新闻与传播研究所

》胡鹤凡　北京年鉴社

城镇公共事务工资标准年鉴

《城镇公共事务工资标准年鉴（2017）》封面

一 《城镇公共事务工资标准年鉴》发展概况

《城镇公共事务工资标准年鉴》（TVöDJahrbuchKommunen）由德国瓦哈拉出版社(WALHALLA)出版，北莱茵－威斯特法伦州企业联合会副主席，从事劳动法、社会法、工资法方面研究的约尔格·艾弗茨（JörgEffertz）编著。该年鉴主要登载德国城镇公共事务工资标准、公共事务工资标准趋势、针对城镇雇员的工资支付新条款等内容。

瓦哈拉出版社成立于 1952 年，

如今已经跻身于德国大型出版社前 100 名的行列。瓦哈拉出版社以"知识源于实践经验"作为出版主旨，出版产品主要对社会公共事务和管理、福利和健康、工作和生活、经济和管理以及安全和军事等领域的工作者提供支持。消费者也能在继承、租赁、投资、遗嘱、风险防范及个人深造等日常生活方面通过瓦哈拉的出版物寻求到法律援助。年鉴方面的产品包括《城镇公共事务工资标准年鉴》《联邦公共事务工资标准年鉴》（TVöD-Jahrbuch Bund）、《德国莱茵州 - 普法尔茨州公务员年鉴》（DeutschesBeamten-JahrbuchRheinland-Pfalz Jahresband）等。

二 《城镇公共事务工资标准年鉴（2017）》介绍

● 《城镇公共事务工资标准年鉴（2017）》目录

《城镇公共事务工资标准年鉴（2017）》于2016年11月更新，12月出版，德文编写，售价27.95欧元。开本为正32开（120mm×170mm×50mm），共1256页，外形类似于中国的《新华字典》，便于随身携带和查阅。封面采用瓦哈拉出版社特有的以白色为底色，上部用红线画出书名，下部辅以彩色图案的设计。全书采用黑白印刷，简单大方。

年鉴全部为文章体，包括工资法律标准和作者的分析文章两大部分内容。2017卷内登载的最新工资标准于2017年1月1日生效的规定，在内容上包括德国城镇公共事务工资标准、公共事务进修培训人员工资标准等。另外，该年鉴还登载了作者对城镇公共事务工资标准相关问题的分析文章，这些文章以说明文为主。例如2017年公共事务工资标准趋势是在由于法院重要判决和劳资协议的更新，《城镇公共事务工资标准》对城镇公共事务职工劳资的规定在联邦和地方政府都发生了诸多变化的背景下，论述了2017年最新的发展趋势及其产生的影响，所有涉及的主题和重点问题均以法律性解释和说明为依据，并通过事例加以详细地说明。

● 《2017年〈城镇公共事务工资标准〉发展趋势》内容节选

由于法院重要判决和劳资协议的更新，《城镇公共事务工资标准》对企业职工劳资的规定在联邦和地方政府都发生了诸多变化。2017年最新的发展趋势及其对企业职工规定产生的影响会在下文中着重强调。《城镇公共事务工资标准》的变化是以《劳资协议法》以及相关各项规定为基础，并依照劳资合同中的新规定。所有涉及的主题和重点问题均以法律性解释和说明为依据。

关于工作区吸烟的要求（《城镇公共事务工资标准》第三条）

根据《办公场所规定》第五条第一款，雇主需采取一些必要措施以保护不吸烟的雇员免受烟草烟雾造成的身体危害。这项规定的目的在于避免被动吸烟对人身体健康造成伤害。雇主必须根据《办公场所规定》的第五条第二款，在企业性质和经营方式允许的情况下，在工作时间内的工作场所采取保护措施。

在海森赌场工作的一名赌台主持人，平均每周两次在单独的吸烟房工作（每次6~10小时）。只有在赌场吸烟房和酒吧，客人吸烟是被允许的。每个吸烟房都配有空调或是通风设备。赌台主持人要求所在州对其提供一个无烟的工作场所。

但这个赌台主持人的控诉并未成功（地方法院2016年5月10日第9 AZR 347/15号判决）。虽然这名雇员是根据《办公场所规定》第五条第一款提出在无烟场所工作的要求，但是赌场适用于另外一个特别规定（《海森办公场所吸烟条例》第二条第五款第五项），这个条例中在赌场吸烟是允许的。因此，保护措施的实施是根据企业的性质和经营方式决定的。《办公场所规定》第五条第二款要求雇主将雇员的身体伤害最小化。这就要求雇主在空间上隔离出吸烟区，安装通风设备，以及通过规范工作时间来实现赌台主持人的要求。

年鉴设置"快速导览"和"总体概览"两种简繁不一的目录，方便检索。在瓦哈拉官网（www.walhalla.de）可以购买到纸质版和电子版的年鉴。

三 《城镇公共事务工资标准年鉴》的特点

1. 现实性与实用性

与中国大多数年鉴强调存史、资政、育人的作用不同，《城镇公共事务工资标准年鉴》突出的是现实性与实用性。在现实性上，如 2017 卷年鉴中分析了 2017 年公共事务工资标准趋势，此份趋势分析提供了一个对于现下发展状况和法律裁定的概览。同时，收入了 2017 年针对城镇雇员的工资支付新条款。2017 年 1 月 1 日生效的第二层级工资标准也是本书一大重点，其中的核心在于工资涨幅达到 2.35% 以及培训工资高达 30 欧元的涨幅。在实用性上，年鉴中附有专业注释的公共事务工资标准、由城镇企业职工向公共事务职工过渡的工资标准及过渡法案规定下的工资标准、城镇企业联合会所属医院的医生的工资标准、公共事务参培人员的工资标准、公共事务实习生的工资标准、城镇专科医院医生的工资标准。在 2017 卷中，对 2017 年工资规定的实用解读和重要评判，以及对于提前入职期限内容的补充会对读者在劳资关系中的权利保障给予极大的帮助。该年鉴俨然是一本德国城镇公共事务职场求职的工资指南，这是建立在对德国城镇公共事务领域职场发展整体状况的全面了解和分析的基础上，对各类工作岗位的工资标准进行了详尽的描述，随时随地为读者提供全方面的有关职场与劳资协商的信息。可以说，这本年鉴是指导现实生活的，并且是全面的、及时的。

2. 基于法律规定的特色年鉴

《城镇公共事务工资标准年鉴》涵盖所有重要的法律条款，其中涉及工时、兼职和合同期限等相关法律，读者据此可以了解到切实可用的法律规定，用于在劳资关系中保障自身权利。同时，年鉴的一个重点还在于研究了在无实际规定的期限下提前入职的可能性，并提供了法律对此议题的裁定供读者参考。通过本年鉴，读者在求职的过程中，可以及时查阅相关法律规定，对岗位的各种要求和工资标准做出合理判断。作为一本基于法律规定的特色年鉴，《城镇公共事务工资标准年鉴》无疑是理性的、客观的，对读者求职的指导也是具体的。

3. 完全服务于用户需求的年鉴编纂新思路

《城镇公共事务工资标准年鉴》的编写宗旨是帮助读者获得一份稳定满意的工作，是完全服务于用户需求的。这与中国多数年鉴的基本功能不同，中国的专业年鉴更多的是收录上一年度某领域的发展状况，客观地记录历史，而这本德国年鉴强调的则是对下一年度某领域发展状况的分析研究和新的法律规定，从而满足特定读者的需求，并为这种需求提供应用指导。这本德国年鉴对中国年鉴编纂最重要的借鉴意义是提供了年鉴编纂的新思路，提供了以读者需求为导向的年鉴研究方法和逻辑框架，以及提供信息的种类和内容。如果这种想法付诸实践，中国也可能出版某一领域的投资年鉴、某一地区的购房年鉴、某一地区的旅游年鉴等一些与经济生活紧密相关的年鉴，为人们的经济活动提供指导和法律援助。这本德国年鉴对中国年鉴编纂如何与社会经济发展紧密结合提供了一个新的视角和切入点，对中国年鉴发展的多样化路径选择具有重要的借鉴意义。

》 杨　蓉　北京工商大学

特伦蒂诺年鉴

一 《特伦蒂诺年鉴》发展概况

《特伦蒂诺年鉴》（Annuario Trention）创刊于1945年，由 Luciano Happacher 编辑、Grafiche Antiga 股份公司印刷出版，2013年8月22日在特伦托法院公共印刷登记处注册，编号为1978/2013。该年鉴是一部记述意大利特伦蒂诺－上阿迪杰大区（Trentino-Alto Adige）经济、社会年度发展情况的地方综合年鉴。

《特伦蒂诺年鉴（2017）》封面

二 《特伦蒂诺年鉴（2017）》介绍

● 《特伦蒂诺年鉴（2017）》目录

说明

除特殊说明外，信息均更新于 2016 年 10 月 /11 月。特别感谢提供信息的市政办公室、各个机构和工作人员。

在非特殊情况下，各地发音的重音索引可以参考第 628 页。同样，根据当前比较普遍的用法，缩写使用大写字母：在第 630 页中，每个缩写的后面都有展开释义。

您无需对文章中出现的错误或遗漏承担任何责任。如果您发现文章中有任何错误，请发送 e-mail 到 annuario@wasabi.eu，我们对此表示衷心感谢。

　　《特伦蒂诺年鉴（2017）》于 2016 年 11 月出版，意大利语编写，在意大利亚马逊上售价 19.99 欧元。开本为正 16 开（166mm×229mm），共 639 页。封面以橘色为单一底色，白色书名，简洁清新。全书采用彩色印刷，以文字为主，配有少量表格；内文版式采用二栏或三栏排版；装帧简单。

　　《特伦蒂诺年鉴（2017）》主要记述特伦蒂诺大区 2016 年度经济、社会发展情况，少数内容的记述时限向前延伸。年鉴包括机构、企业和土地三个类目。"机构"类目主要介绍特兰托自治省、特伦蒂诺上阿迪杰 / 苏德提洛尔自治区、政府和其他组成机构、欧盟在特伦蒂诺 4 个部门下属的 20 个机构。"企业"类目主要介绍农业、工业、文学艺术、商贸、宗教、教育、金融、司法、媒体、旅游、运输、环境等 104 个企业（行业）的情况。"土地"类目介绍大区下辖的 16 个市以及每个市下辖的区划情况。有关资料信息由特伦蒂诺市政办公室、各个机构和工作人员提供。

年鉴在书口处有分色标签和梯标，分色标签以相同颜色标出同类内容，梯标用同一种颜色呈阶梯状标出 16 个市的内容。

三 《特伦蒂诺年鉴》的特点

1. 框架结构简要得当

《特伦蒂诺年鉴》由类目、分目、条目三级组成，且类目数量相对较少。如 2017 卷中共包括 3 个类目、21 个分目、305 个条目。中国的地方综合年鉴框架一般由类目、分目（部分分目下设次分目）、条目组成。类目一般由特载、专文、大事记、综述、正文、附录组成，少则二三十个，多则三四十个；条目少则上千条，多则二三千条。内容更加繁复，体量更加厚重。

2. 超地域范围记述

《特伦蒂诺年鉴》眼界开阔，有些内容不受地域限制。比如把特伦蒂诺放在欧洲大环境中来记述，对欧盟的 28 个国家的国旗、加入欧盟的时间、首都、面积、人口、货币等都分别做了简介，让读者能从中了解其他欧盟国家的有关情况；记述欧洲一体化进程中的嫌隙，反映出欧洲一体化进程的不易；等等。中国的地方综合年鉴一般只记述本行政区域范围内的事，讲求越境不书，特殊情况才可越境记述。

3. 内容记述新颖

内容记述的创新，正是《特伦蒂诺年鉴》的出彩之处。首先，记述内容广。年鉴除记述政府及政府管理的事务、社会各业发展情况外，还记述私人电台和电视台、各地的口音，并制作索引，这是其独到之处。中国的年鉴长期形成的"官书"认识，不记述私人之事；一般也没有关于语言（方言）、语音（口音）的记述。其次，记述方式独特。如2017卷在企业部分，均是通过企业、部门、协会和基金会等机构的记述来反映社会各行各业发展情况的。在土地部分，介绍16个市以及每个市下辖市镇的情况。在每个市的记述中，包括地理示意图、市政府所在地、面积、人口、下属市镇、联系方式；以及市政府（主席、副主席、评审员及其分工）、市民大会、办公室和服务等政府机构的组成人员；农业、农业旅游业、酒业、手工业、学校、医疗、旅游、服务（高山救援、消防警察志愿者）等各行业情况。16个市下辖的每个市镇，均从概况（海拔、面积、地理位置、邮编、市政府所在地、联系方式、与距离特伦托市的距离）、居民、市政府管理人员及其分工、市议会公民参与人员、协会、文化、经济、服务8个方面记述；分别列出各种协会、文化、经济、服务机构的负责人、邮编、地址、电话、传真、电子邮箱、网站等。这些信息非常便民和实用，既方便民众了解政府的工作，同时又能起到很好的监督作用。

4. 行业排序随意

《特伦蒂诺年鉴》由机构、企业、土地三个类目组成，各行各业综合发展情况全部在企业部分记述，但行业排序随意。比如2017卷中按照农业、农业旅游业、环境、动物、老年人、档案、保护区、艺术、手工业、文化、经济、工业、第三产业、旅游业，等等的顺序编排。而中国的地方综合年鉴习惯采用分类编辑法，横排竖写，从政治、经济、文化、社会、生态几个方面来反映某一行政区域的年度发展情况。

● 对卡普里亚纳市的介绍

卡普里亚纳市

海拔 1007 米, 面积 13.06 平方千米, 费耶美山谷区, 邮编: 38030, 市政府地址: 罗马广场 2 号, 电话: 0462 816013, 传真: 0462 816017, 电子邮箱: info@comunecapriana.com, segretaria@pec.comunecapriana.com, 网站: www.comunecapriana.com, 距离特伦托市 44 千米。

居民: 582 人 (截至 2016 年 9 月 30 日), 主要聚集区: 卡尔博纳尔、玛索百特、玛索孔蒂、玛索多斯、玛索里奥、罗威尔。

市政管理: 2015 年 5 月当选的市政府管理人员名单, 市长: Sandro Pedot (制度关系、与外部机构的关系、城市规划、遗产、预算和公共工程), 地方政府成员: Alan Penone (副市长, 森林和农业、领土和环境、城市装饰和公共绿地、公共设施管理、村镇问题), Patrizia Zanin (道路、运输和流动、娱乐事业、示威、志愿者、青年和社会政策、卫生政策、治安和机会平等), Flavia Belotti (文化、教育、环保事业、旅游、人员和能源政策), 市秘书: Alessendro Svaldi 博士。

市议会: 卡普里亚纳市公民参与人员: Flavia Belotti, Daniel Capovilla, Mattia Capovilla, Rosanna Lazzeri, Walter Lazzeri, Mercedes Mazzerbo, Alan Penone, Franco Tavernar, Fiorenza Todeschi, Patrizia Zanin, Nicola Zorzi.

协会

文化和娱乐: 书之友协会, 彼埃特罗达尔坎波路 9 号市图书馆, Zanin Patrizia · 米兰之友协会, 多梅尼卡拉泽利路 27 号, 网站: amicidellameneghina.it, Luciano Dallio, 电话: 0462 816388 · 艺术和手艺协会, 米拉瓦利路 7 号, Ivana Nones, 米拉瓦利路 7 号, 电话: 0462 816131 · 文化圣波尔托尔, 罗马广场 2 号, Sandro Pedot, 电话: 0462 816037 · 波尔蒂奇节日协

会，Giuseppe Dallio，波尔蒂奇路16号·圣安娜节日协会，罗威尔，负责人：Fabio Simonazzi, Natale Simonazzi，卡尔博纳尔村镇19号，Natale Simonazzi·基督教工人意大利协会俱乐部，博纳尔村镇19号，Natale Simonazzi，电话：0462 816316·老年人俱乐部，九月八街5号，电话：0462 816039, Bruna Giovanelli·文化俱乐部，安泰里沃路3号，Dario Simonazzi·卡尔博纳尔节日委员会，卡尔博纳尔村镇13/a号，电话：0462 816170, Walter Lazzeri·马斯德普拉节日委员会，庞塔拉路8/a号，电话：0462 816305,, Walter Lazzeri·米高乐和洽博迪剧团，负责人：Adele Daves，罗马广场9号，电话：0462

816078·SAT组（卡普里亚纳市组），米拉瓦利路14号，Gioelle Lazzeri，电话：0462 816064。

军队： ANA组，多梅尼卡拉泽利路20号，组长：Daniele Capovilla.

运动： 滚球游戏协会，达利奥G巴提斯塔路3号，Clemente Zanol，电话：0462 816334-817035·卡普里亚纳市多运动协会，庞塔拉路6号，电话：0462 817007, Marco Capelli·城市保留地猎人协会，会长：Fabio Zanol。

志愿者： 血液和血浆志愿捐献者协会，罗马广场17号，组长：Gerardo Capovilla·彩虹协会，帕罗奇阿莱戏院，Giada Capovilla·儿童学校管理委员会·圣礼剧团，G. B.达利奥路19号，Mariangela Dellandrea。

》 钟 冷 北京市海淀区党史地方志办公室

荷兰设计年鉴

一 《荷兰设计年鉴》发展概况

《荷兰设计年鉴》（Dutch Design Yearbook）创刊于 2009 年，每年一卷，由荷兰的一家在建筑、艺术、摄影和设计领域具有国际影响力的大型出版公司——nai010 出版社编辑出版，近年来已成为国际上较为知名的一部设计领域专业年鉴。

《荷兰设计年鉴》每年 10 月出版，采用荷英双语对照，编辑和作者均为设计领域的专家学者，定位的读者群不局限于室内设计师、建筑师、设计工作室等业界人士，还包括

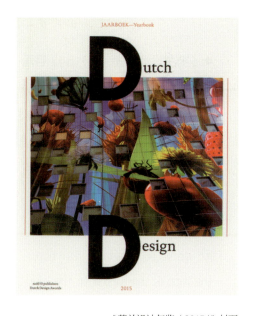

《荷兰设计年鉴（2015）》封面

更为广泛地对荷兰设计感兴趣的国际普通读者，编纂发行目的与荷兰设计周、荷兰设计奖一样，都是旨在促进全球对荷兰设计的关注。前 6 卷《荷兰设计年鉴》（2009 卷至 2014 卷）由在国际上屡获设计大奖的荷兰登贝设计工作室（Studio Dumbar）负责框架、版式和装帧设计，从 2015 卷起，为获得更多关注则改换了设计公司，由荷兰另一家知名设计公司 Glamcult 工作室全权负责年鉴的"改版设计"，在年鉴框架设计方面做了一些改进，但在版式上依然保留了大 16 开本的传统，文章、项目案例分析和彩图的数量以及篇幅基本不变，以确保各卷年鉴信息的延续性。可以说，从创刊以来，经过 7 年的发展，《荷兰设计年鉴》已形成较稳定的年鉴编纂体例和风格。该年鉴的主要内容为对当年度荷兰设计奖入围项目的展示回顾，并对设计领域的热点时事进行分析评论（通常收录 3 篇有关知名评论家围绕当年设计界关注的话题所做具有反思性或批判性的文章）。

二 《荷兰设计年鉴（2015）》介绍

● 《荷兰设计年鉴（2015）》目录

　　《荷兰设计年鉴（2015）》于 2015 年 10 月出版，荷英双语编写，售价 12 英镑。平装书，开本为大 16 开（225mm×275mm），共 184 页。采用全彩印刷，彩图约 250 幅，图文并茂，印张精美，设计感十足。封面图片来

● 年鉴中插入的设计图

自书中收录的获当年度荷兰设计大奖的一件获奖作品，具有较强的视觉冲击力，且体现了年度性。

2015 卷年鉴创新了内容的编排方式，采用百科全书式的设置方式，包括引言、述评、项目、2015 年荷兰设计奖、附录（2014~2015 年荷兰设计奖项名单、2014~2015 年荷兰设计展览信息、编辑和作者、索引）、赞助者 6 大部分，年鉴主体部分——项目部分的条目则按 26 个英文字母顺序排列，展示了 2015 年荷兰设计奖的所有提名作品，包括空间设计、产品设计、设计研究、通信和时尚领域的 56 个当年的最佳设计，每个项目均获得相应类别的荷兰设计奖提名，如青年设计师大奖、最佳客户奖。同时，年鉴的各部分以不同的字体和格式加以区分，改变了以往各卷在内容排列方面较为随意的缺陷，阅读检索更加清晰方便。年鉴采用文章体和条目体，以条目体为主的体例，更加体现工具书的特点。

该卷年鉴开篇的引言——《设计与现实》作为全书的导引，通过"封闭的体系""事物的秩序""设计与现实（关于本年鉴）"3段内容，分别对当前设计界的热点问题和发展趋势、3篇特载文章的主要内容以及主体部分的部分条目，如该年鉴中收录的"救护无人机"做了点睛式介绍，并对年鉴在排版和设计上的变化做了说明，由主编蒂姆（Timo de Rijk）执笔。蒂姆是荷兰代尔夫特理工大学和莱顿大学的设计学和文化、社会学教授，也是原荷语版《荷兰设计年鉴》（Jaarboek Nederland sevormgeving）2003~2005卷的副主编，自《荷兰设计年鉴》创刊即担任主要编辑，从2011卷起担任主编。该卷年鉴的其他13位作者和编辑，无论是设计师、专业教授或为设计专业刊物撰稿的自由记者，均有相关专业背景和较强的文字功底，每个条目中对项目的记述平均使用约300个英文单词，翻译后约合500个汉字，言简意赅。

● 对救护无人机设计的介绍

救护无人机

亚历克·莫蒙特

2014年，有关代尔夫特理工大学的比利时学生亚历克·莫蒙特（Alec Momont）的毕业设计的新闻像野火般蔓延到世界各地。现在有2亿多人已经获悉他的救护无人机设计理念。莫蒙特是有史以来第一位获得满分的工业设计学院毕业生。莫蒙特以设计改善生活质量为其使命，在毕业设计"无人机公益应用"中探索积极利用无人机的可能性，改变人们一听到无人机就联想到军事行动的常规看法。

莫蒙特与创新平台Living Tomorrow合作研发了"救护无人机"理念。这是一个非常棒的想法：在诸如心脏骤停这样的紧急情况下，自动导航无人机可以快速运送除颤器。通过视频和音频连接，现场人员获得操作指示。这种无人机利用紧急呼救器的电话信号和GPS导航，速度能达到100千米每小时。在方圆12平方千米内的区域，这架无人机能在一分钟内抵达，可以拯救成千上万人的生命。在欧洲，每年有80万人遭遇心脏骤停，其中只有8%的人活了下来。只有在4~6分钟内实施救助，患者才有可能存活。

莫蒙特已研发了一套完整的产品服务组合，以便快速抵达现场救助遇险人员。但该项目仍处于原型阶段，由于法律法规的限制，可能还有很长的路要走。但这个设计理念本身就值得褒奖，正如设计师有意识地不盗用版权一样。无论从哪个方面来看，这都是一个极具潜力的理念，对其他领域也是如此。

三 《荷兰设计年鉴》的特点

1. 定位明确

《荷兰设计年鉴》从创刊之始即明确了自身办刊定位：对年度最佳荷兰设计作品的权威展示和回顾，为荷兰设计周服务，主要收录荷兰设计奖入围作品，吸引更多的国际读者对荷兰设计的兴趣，通过年鉴提升荷兰设计的国际影响力。因此，无论在内容选择还是记述上，都注意兼顾专业人士和普通大众的口味，专业性更多体现在图片和图示的选择上，而对每个项目的记述则通俗易懂。同时，其语言采用荷英双语，可进一步扩大国际影响力，也更加符合设计行业国际化的特点。而中国的设计行业年鉴，鉴于国际影响力和重视程度，目前有较长编纂时间、公开出版的，都几乎只采用汉语一种语言编纂。

2. 时效性强

肖东发等所著《年鉴学》认为，年鉴出版日期和所反映内容的截止日期之间的时间差越小，年鉴反映的内容越及时；时差越大，年鉴反映的内容越滞后，年度参考价值就越低，越接近"历史档案"（肖东发等著：《年鉴学》，方志出版社 2014 年版，157 页）。与许多国外年鉴一样，《荷兰设计年鉴》的时效性很强，基本上在出版年 10 月的荷兰设计周前见书，内容收录的是本年度的获奖项目和设计界最新的趋势预测，内容信息非常新颖，对行业人士和关心荷兰设计的普通大众具有非常及时的参考价值。而国内年鉴收录的内容是上一年度的大事要事，一般要到收录内容发生次年的下半年出版，第三年或更长时间后陆续补出年鉴也是常态。因此，与国外年鉴相比，中国的年鉴出版的时效性不强，收录信息基本已不再"新鲜"，信息及时参考价值也大为降低。

3. 注重品质

《荷兰设计年鉴》的装帧设计精良，每卷定价约为人民币 270 元，较为贴近社会大众的需求。而国内的年鉴采用全彩印刷的并不多，印张质量参差，但大多采用精装本，定价不菲，即便设计行业年鉴，比如《中国设计年鉴》（中国包装联合会设计委员会编）、《中国建筑设计年鉴》（辽宁科学技术出版社出版）也都采用了 16 开精装本，较为厚重，定价一般在五六百元，一般读者很难收藏，翻阅起来也不方便。在年鉴的表现方式上，《荷兰设计年鉴》图片丰富，文字精练，且在文字和图片的排版方式上做了精心设计，整本年鉴就像是一件艺术品，具有较强的视觉冲击力和吸引力，极易引起读者的阅读兴趣。而国内的有关设计类专业年鉴，有的只有图片，缺少评述文字，是名副其实的"图鉴"，有的则文字冗长，插图呆板，易引起阅读疲劳，都无法吸引更多的读者关注。

正如 nai010 出版社在 2010 卷介绍里所阐述的那样，《荷兰设计年鉴》"这本双语出版物将吸引更多的对荷兰设计感兴趣的人们"。

> 张　英　北京工业大学

天文学年鉴

一 《天文学年鉴》发展概况

《天文学年鉴》(*Jaarboek Sterrenkunde*)创刊于 2004 年,每年 1 卷,由荷兰芳婷出版社出版发行,主要介绍宇宙间的星象变化。

年鉴的作者霍弗特·什希尔菱格(Govert Schilling)是荷兰著名的天文科普作家,是一位充满热忱的天文学记者,他对天文学具有浓厚的兴趣,已撰写了很多有关天文学的书籍,并在国内外的天文学和空间研究报纸杂志上发表。10986

《天文学年鉴(2016)》封面

号小行星名为"霍弗特",就是由国际天文联合会以他的名字来命名的。他是天文爱好者的向导,指导读者去辨别浩瀚的宇宙,使人们对星象的变化了然于胸。

二 《天文学年鉴(2016)》介绍

《天文学年鉴(2016)》于 2015 年 10 月出版,荷兰文编写。开本为正 16 开(200mm×240mm),共 64 页,封面采用浩瀚的宇宙星空为背景,突出反映了地球上观察到的月球及金、木、水、火、土这六大行星,设计富有创意和天文特征。全书采用铜版纸,全彩印刷,图文并茂,一下就能抓住读者的眼球,吸引读者去阅读。

年鉴的内容表现形式新颖,整本年鉴共由 2016 年的 4 张星象图和该年内 52 周的天象图和变化信息组成。4 张星象图是星象在 2016 年四季中的变化轨迹,星象图的边缘就是人们用肉眼能观察到的天际,头顶处是中心位置。52 周天象变化信息是作者以荷兰乌特勒支市为观察点,用肉眼或者借助常用的望远镜直接对天象进行观察,收集了一年四季每一个星期分分秒秒的变化。年鉴以周为单位按时间顺序排列,没有目录,书口处设有"第几周"字样的标志,以供检索。

● 对 2016 年春天的天空重复的总体介绍

春天的天空

在春天,每当夜晚来临,大熊座总是如期地出现在天空中。仙女座和仙王座却在北边的地平线上。

夏天的日子里,在东北方向的天空中,猎户座中最明亮的参宿七直接位于天龙座的首部下面;在冬天的星象里,卡佩拉(Capella)则是御夫座(Voerman)中最耀眼的一颗星,正是她主宰着西北的天空。

在西边，除了卡佩拉之外还有几颗非常引人注目的星星用肉眼也能看到，例如：金牛座中的毕宿五（Aldebaran）、猎户座（Orion）中的参宿四（Betelgeuze）、双子座中的蓖麻和北极熊、小犬座中的南河（Procyon）。

在春天的星空南部，木星是太阳系中最大的行星，它位于三颗耀眼的星星中间：狮子座的轩辕十四、牧夫座的大角星和处女座的角宿一。在东南方向的地平线上端，则可以看见我们太阳系的红色星球——火星。

稍微逊色些的是北方皇冠和大力神（在星空的东方），以及长条形的水蛇座，在地平线上南方的星空中，也清晰可见。南天星座之一的乌鸦座，就位于星空的南方，由于其周围的星星并不是很多，因此一眼就可以看到。

银河在西北方向地平线的上方，但并不明显，很难用肉眼看见。

如果对天象变化感兴趣的话，还可以下载该年鉴的天文学专用软件（芳婷出版社 ios 和安卓〈Android〉版软件）。在 allesoversterrenkunde.nl. 网站上，可以找到更多在 2016 年出现过的天文气象变化的各种信息资料。

三 《天文学年鉴》的特点

1. 周期性排列

与其他年鉴按部类、按系统或者按照其他内容分类排列不同，本书内容排列按照时间顺序，以周为单位，一周一周往后排，每一周的内容是相对固定的，首先介绍星象图的内容，详细介绍水星、金星、木星、火星、土星在本周出现的时间、出现的方位及基本的情况；其次介绍每一天天空中的状况，如月亮是弯还是圆，天空中最亮的是哪颗星星，有流星雨还是别的天文现象，可以看到飞马座还是老鹰座等；最后还会记录每一天太阳升起、落下及月亮升起、落下的具体时间，精确到几点几分，对于人们安排生产生活有很大的帮助，提供了参考的依据。

● 年鉴中一图占一页，均采用上方为重复图、中间为每日重复情况介绍、下方为日月升落时刻表的形式呈现

● 一周中，每日天空星象介绍内容节选

第一周

1月2日至1月10日

星期六

最后一刻钟（6点30分）。从1月2日进入1月3日的夜里，这个时刻是地球最靠近太阳的时刻。这个时候从地球表面到达太阳的距离是14.71亿公里（比平均值小1.7%）。

星期日

早上6点30分到7点，在星空的东南方，弯弯的月亮还挂在天边，火星和处女座的角宿一星依然闪烁在天空中。

星期一

牧夫座集中出现流星雨，流星雨的数量达到高潮。这个时候观察流星雨最合适，因为月亮的光芒对其影响最小。

星期二

月亮逐步减小，在上午时分

与火星和金星擦肩而过。观察这个星象，最好位置在东南方向，最佳时间是在7点左右。

星期四

从早上7点开始，在天空的东南方向，弯弯的月亮、金星和土星均高挂在空中。金星就在土星之上，而且更加明亮。

星期六

金星和土星非常接近。估计需要望远镜才能把土星分辨出来，因为金星的光芒覆盖了土星散发的光。从早上7点开始，在星空的东南方向即可观察到这一景象。

星期日

新月（夜晚2点30分）

1月7日，早上7点，弯弯的月亮、金星和土星，在天际间呈现出完美的组合。

2. 专业性与通俗性

天文学（Astronomy）是研究宇宙空间天体、宇宙的结构和发展的学科。

内容包括天体的构造、性质和运行规律等。主要通过观测天体发射到地球的辐射，发现并测量它们的位置、探索它们的运动规律、研究它们的物理性质、化学组成、内部结构、能量来源及其演化规律。然而，对于普通人来说，天文学又是一门相对高深、遥远的学科，一般专业的研究者才能进行研究和探索。而本年鉴供了大量的天文图像，使其图文并茂，例如星象一览图、几十幅非常珍贵的天象景象图片等。年鉴中大多数内容描述的是人们用自己的肉眼即可观察到的天象变化景象，虽然天文学是一门专业的学科，但是作者采用深入浅出的方式进行描述，使得本书通俗易懂，深受世界各国广大天文爱好者好评。

3. 完备的知识信息系统

《天文学年鉴》作为霍弗特·什希尔菱格编写的《天文学手册》的补充材料，为读者提供了一个能够全方位了解天文学知识的体系。《天文学手册》详细阐述了有关天文学的各方面知识，收录了大量的基础信息，包括让人耳目一新的插图和摄影材料，也收录了很多专家、学者的知识和经验，对喜欢观察星空的爱好者，还附有温馨提示，提醒人们如何去观察星空中的星宿和天体。此外，年鉴最后还提供了荷兰语版网站"星空的奥秘"（allesoversterrenkunde. nl），网站中收集了全球天文学界和航天领域最新的科学知识，也有大量的背景资料来自《天文学手册》天体运行至今出现过的各种现象和信息、实时材料、天文学相关报道、杂志和摄影材料，以及天文学相关的书籍，为读者提供疑难解答、天文学相关链接、新闻报道等。通过在网站上留言，可以将对该年鉴的意见建议反馈给作者，使之更好地完善下一年的年鉴内容。同时，年鉴还配有客户端软件"奇妙的星空"，可以从 iTunes App Store 和 Google Play Store 等平台下载获取。通过软件，读者可以更全面地了解日出日落、月圆月缺、星球的可见度、星空的各种自然现象，如有需要，用户还可以得到有关下一个晚上星象变化的预测信息。

>> 孙太红　北京市东城区党史办

公法年鉴

一 《公法年鉴》发展概况

《公法年鉴》(Ежегодник Публичного лрава)创刊于2014年,由俄罗斯国家图书馆出版社出版,每年1卷,主要登载与公法相关的研究课题论文,并优先供苏联解体后各独联体国家行政法规领域的专业人员使用。

该年鉴为"促进中亚国家法制"项目而创作,获得德国联邦经济发展与合作部资助,并由德国国际合作公司(GIZ)实施。年鉴涵盖所有与公法相关的课题,尤其在行政法规领域。部分论文选自每年9月

《公法年鉴(2016)》封面

举行的行政法国际科学实践会议。

德国国际合作公司自 2011 年 1 月 1 日起正式运营，作为公益性的联邦企业，支持德国联邦政府实现其可持续发展国际合作的各项目标。

二 《公法年鉴（2016）》介绍

● 《公法年鉴（2016）》目录

《公法年鉴（2016）》于 2016 年出版，俄文编写。开本为大 32 开（148mm×210mm），精装，平脊，共 557 页。封面采用深蓝底色搭配标志性建筑物图片的设计。全书采用轻质纸张，黑白印刷，简单大方。

该卷年鉴共 9 个类目，收录 45 篇文章，整合了苏联国内各加盟共和国与行政法规相关的最新研究报告。每篇文章由标题、摘要、作者及作者单位、正文 4 部分组成，内容包括对行政法规自身的颁布程序和补充规定的研究成果、不同国家间行政法规的对比分析报告、中亚国家行政法规的执行情况等。全书无插图。

三　《公法年鉴》的特点

《公法年鉴》专门针对公法领域的实际趋势编著，从比较法的角度反映公法在不同国家的发展情况，定位于作为行政程序法的重要工具，对行政诉讼法和行政法规具有重要影响。通过纵横双向的比较，可以看出其所具有的诸多特点。

1. 纵向比较

《公法年鉴》已连续出版 3 卷，每卷偏重不同的主题。相对于 2014 卷和 2015 卷，2016 卷的主旨被定为"行政法规"，用于促进公法的后续发展，尤其是行政法的发展。重点关注了 2015 年在吉尔吉斯斯坦开始生效改革的《行政活动和行政程序基础法》，土库曼斯坦将沿用已久的苏联民事诉讼法更换为新民事诉讼法（新民事诉讼法还包含对公法争议进行司法审查的相关现状），以及哈萨克斯坦编订并公开发表的《行政程序法》草案，并对符合行政法规要求的热点问题做了科学的界定。

2. 横向比较

以《中国法律年鉴（2016）》和《公法年鉴（2016）》为例：

（1）体例及框架结构不同。《中国法律年鉴（2016）》符合多数中国年鉴的体例，序、编辑说明、特载、图片、大事记、概况、条目、人物、统计表、附录、后记、索引等要素齐全。全书 17 个类目组成的框架结构相对稳定，年度之间变动不大。《公法年鉴（2016）》类似专业论文集，完全由文章组成，每篇文章有页下注，解释说明相关文字内容，这类体例在国外的一些专业学科类年鉴中也较为常见。全书按论文的内容划分类目，框架设置会根据当年的主题内容和实际情况进行相应调整，年度之间有所差别，在内容的选取上有更大的灵活性。

（2）表现形式不同。由于两本年鉴的体例及框架结构不同，因而所采用的表现形式也有所差异。《中国法律年鉴（2016）》除文字记述之外，还通过图片、表格、统计数字、附录等多种形式表现资料内容。而《公法年鉴（2016）》由于采用文章体例，全书内容均通过文字形式呈现，表现手法相对单一。

（3）受众群体与内容深度不同。《中国法律年鉴（2016）》面向普通大众，是"供国内外读者了解和研究中国社会主义法制建设基本情况必备的综合型大型文献"。内容以立法、司法为主干,从法律的制定、法律的实施、法律的宣传、法律的教育和法学理论研究等方面反映中国社会主义法治建设,不仅收录立法、司法、检查、仲裁等方面的资料,还收录国家法制工作情况、案例选载、统计资料等,收录范围广泛,内容丰富,浅显易懂,更具有"普法"性。《公法年鉴(2016)》的编辑说明则强调,"本年鉴优先供苏联解体后各独联体国家行政法规领域的专业人员使用",收录公法领域的研究著作,专题论文以理论探讨为主,是对法律研究型成果的汇编,更具有研究性,论文的理论深度对读者的专业性要求更高。

(4)组织方式不同。《中国法律年鉴(2016)》由中国法学会主办,稿件主要由中央、地方各有关部门和单位提供,组织管理方式较为行政化。《公法年鉴(2016)》所采用的是跨国项目合作的方式,由德国公司进行资助,所针对的读者涉及苏联解体后的多个独联体国家,具有区域国际性,组织形式较为独特。

》邱小培　胡　雨　北京教育志编纂委员会办公室

》高潇潇　北京年鉴社

欧洲安全年鉴

一 《欧洲安全年鉴》发展概况

《欧洲安全年鉴（2017）》封面

《欧洲安全年鉴》(*EUISS YEARBOOK OF EUROPEAN SECURITY*)创刊于2013年，由欧盟安全研究所编辑并出版，其编辑出版机构应设于法国巴黎，印刷地在卢森堡。每年一卷，主要登载欧盟共同外交与防务政策方面的政策法规、组织机构、安全防卫举措等内容。

欧盟安全研究所隶属于欧盟，主体机构设置于法国巴黎，另于比利时布鲁塞尔设置办事处，负责分析外交、安全和防务政策问题，旨在促进欧盟共同安全文化支持外交政策的细化与预测，以及丰富欧洲内外的策略辩论内容，核心使命是提供分析和论坛讨论，协助欧盟制定政策，并为欧盟专家和各级决策者之间建立联系桥梁。欧盟安全研究所2000~2011年，每年出版1卷上年度欧盟共同外交与防务政策核心文件汇编，共11卷。为全面介绍上一年度欧盟外交与安全政策行动，欧盟安全研究所自2013年起出版《欧洲安全年鉴》，其中，2013卷、2014卷分别有英、法、德文版。

二 《欧洲安全年鉴（2017）》介绍

● 《欧洲安全年鉴（2017）》目录

　　《欧洲安全年鉴（2017）》于 2017 年 5 月在欧洲安全研究所官网（www.iss.europa.eu）出版 PDF 版，支持免费下载。PDF 版年鉴共 167 页，采用暗蓝、浅灰双色欧洲地图作为封面，内含彩色图表，设色以冷色调为主，设计简洁严肃。

　　全书采用文章体，以 2016 年全年为记述时限，内容分为 6 个类目，并配有各式表格 15 张、设色图 10 幅，针对 2016 年欧盟外交与安全政策、行动进行了全方面的介绍。"政策与法规"类目介绍了欧盟处理共同外交与安全问题所遵循的政策——共同外交与安全政策（CFSP）、共同安全与防务政策（CSDP）——及其具体行动，并对上一年度欧盟对外行动署（EEAS）、欧盟代表团、欧盟特别代表、任职联合国安全理事会的欧盟成员国（包括常任与临时）的组成进行了粗略介绍。"机制、机构与组织"类目详细介绍了对外行动主题与地理机制、共同安全与防务政策及司法与内政事务代理（Justice and Home Affairs Agencies）的执行机构，包括在跨年度财政框架（MFF）及欧盟成员国等支持下各有关机构的财政额度、防御指南、行动目标、行动程序与范围及其相关行政、法律文件，并以图表形式介绍了 2016 年行动情况。"国防详述"类目介绍了 2016 年 28 个欧盟成员国防支出、国防合作与国防工业、军队与部署情况。"附件"设置了详细的图表目录及全简称对照表。

三 《欧洲安全年鉴》的特点

1. 工具书属性突出

《欧洲安全年鉴》的宗旨在于为关注欧盟共同外交与安全问题的读者提供详尽的资料，为关注欧盟共同外交与安全问题的专业的研究者、政治家、金融家、军工从业者或其他相关领域的读者提供丰富的信息以供分析研究之用。由于2017卷"政策与法规""机制、机构与组织""国防详述"及"相关文件"类目均收录有大量文献资料，因此均附设了分目录，以期为出于不同目的查考此年鉴的读者提供便利。此外，这部年鉴相当重视收录各项行动、机构所遵循的相关政策依据，在"相关文件"篇外，于从事欧洲共同外交与防务工作的各附设机构的介绍中也收录了其从事活动的相关法理、政策依据。

2. 收录与研究并重

与中国大多数年鉴中单纯收录文献、数据不同，《欧洲安全年鉴》在收录相关数据时由编辑者进行了相关的研究处理，使此年鉴既呈现出数据的客观性，也表现出编辑者的主观色彩。这一点在"国防详述"类目表现尤为明显。"国防详述"类目所收录的数据主要源于国际战略研究所（IISS）、北大西洋公约组织（NATO）以及斯德哥尔摩国际和平研究所（SIPRI）所提供的公开数据，并参考其他数据来源（如国际货币基金组织、EDO等）进行了分析处理。从这一意义上说，《欧洲安全年鉴》也呈现出防务专业年鉴与统计年鉴的两重性。

3. 图表运用灵活

为在相对较小的体量中能够容纳更多的资料，《欧洲安全年鉴（2017）》大量采用图表形式记述2016年行动与工作。比如"机制、机构与组织"类目在介绍大量执行机构时，实则同样采用填列表格的形式，文风整肃严谨，资料简练直白，便于查核。此外，《欧洲安全年鉴》在介绍跨洲行动、跨国机构设置时，大量运用了设色地图配合文本内容进行了记述，不仅使得数据更加直观，而且使得读者能够借助固有的地理信息对所提供的资料进行综合处理《欧洲安全年鉴》综合运用图表工具，对资料的丰度与密度具有重要的提升作用。

● 大量运用的设色图表

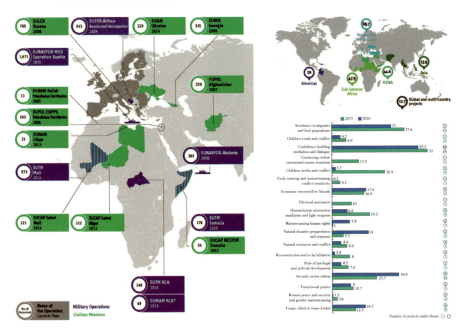

4. 面向未来的价值定位

如欧盟外交与安全政策高级代表莫盖里尼在 2017 卷序言中所说："欧盟共同外交与防务政策不仅关注军事实力的变化，构建欧盟共同防卫文化同样是主旨之一。"因此，《欧洲安全年鉴》不仅具有"存史资治"的学术价值，更为重要的是，《欧洲安全年鉴》通过有选择性地淡化相关机构自身的进程与历史地位，从而表达出希望政策制定者、专家学者以及其他相关读者利用年鉴资料对构建欧洲共同防卫文化提出建议与实行举措的强烈愿望。换言之，《欧洲安全年鉴》通过资源整合与体例编排所强调的面向未来的价值取向，是其主旨所在，也是其最大的特点所在。

● 以《国防支出》内容节选可看出该年鉴对数字引用的严谨性和对数字的分析

国防支出

以下几页国防开支的数据来源有三个：国际战略研究所（IISS）[①]、北大西洋公约组织（北约，NATO）[②]、斯德哥尔摩国际和平研究所（SIPRI）[③]、本年鉴出版时我们并未获得 EDA 2016 年数据。下列 IISS 和 SIPRI 数据适用于 28 个欧盟成员国，而 NATO 数据仅适用于 22 个欧盟及北约成员国（以下简称 EU-NATO 22）[④]。

此前的年鉴数据以欧元表示，本版年鉴为了与各组织提供的整个数据库和国际比较数据相兼容，以美元表示。每个组织收集拟合各国数据的方法各异，因此数据集会有轻微差异。本节简要介绍了各组织所采用的方法并评述了 2014~2016 年的数据差异。

北约各国提供的国防支出数据被定义为"各国政府直接付给北约防务规划部专门用于其武装部队或其盟国的支出"，该防务规划部随后拟合各国数据，用自己的方法调整数字[⑤]。除保加利亚以外，所有盟国的国防支出水平均

---

① IISS 的资料来源为 2013~2017 年度的《军事平衡》。

② 北欧的资料来源为《2016 年度秘书长年度报告》，参见 http://www.nato.int/nato_static_fl2014/assets/pdf/pdf_2017_03/20170313_SG_AnnualReport_2016_en.pdf。

③ SIPRI 的资料来源为《军事开支数据库》，参见 https://www.sipri.org/databases/milex. Accessed April 2017。

④ 未加入北约的六个欧盟成员国是：奥地利、塞浦路斯、芬兰、爱尔兰、马耳他和瑞典。

⑤ 欲知更多北约国防开支数据信息，参见第 14 页，网址：http://www.nato.int/nato_static_fl2014/assets/pdf/pdf_2017_03/20170313_170313-pr2017-045.pdf。

包括养老金。国内生产总值（GDP）水平和平减指数源于经济合作与发展组织（OECD）或经济与金融事务总局（DGECFIN），北约采用国际货币基金组织（IMF）国际金融统计（IFS）数据库的年平均汇率。

IISS 使用原始数据（官方预算文件和政府往来信件）评估欧盟－北约各国的国防支出水平。如果数据可用，IISS 打算与北约定义接轨（例如加入军事养老金）。除了报告国防预算独立评估之外，IISS 发布的《军事平衡》还报告了北约的国防支出水平。IISS 汇率源于 IMF 发布的《世界经济展望》数据库中的国内生产总值数字，用美元值除以本国货币值来获得美元对本币的单位值。GDP 平减指数和通货膨胀率也源于 IMF 的《世界经济展望》数据库。①

❯ 徐彦红　黄少卿　首都经济贸易大学

---

① 《2017 年度军事平衡》中的 2016 年数字是基于 2016 年 10 月的 IMF 数据。IMF《世界经济展望》数据库参见 https://www.imf.org/external/pubs/ft/weo/2016/02/weodata/index.aspx。

亚 非 篇

战斗机年鉴与经典飞机年鉴

一 《战斗机年鉴》与《经典飞机年鉴》发展概况

1.《战斗机年鉴》发展概况

《战斗机年鉴》(戦闘機年鑑)由日本伊卡洛斯出版公司(イカロス出版株式会社)编辑并出版,每年一卷,登载世界主要国家和地区现役战斗机、攻击机等机型的研制历程、技术规格、具体设计、性能参数、机体特征等内容。

伊卡洛斯出版公司成立于1980年,公司名称来源于会飞翔的希腊神祇(ICARUS),表示了该公司出版品大多以"会飞的、会

《战斗机年鉴(2017-1018)》封面

跑的"为主题。现在，伊卡洛斯出版公司共有《战斗机年鉴》《JR 普通列车年鉴》（JR 普通列车年鑑）、《JR 特快列车年鉴》（JR 特急列车年鑑）、《JR 机车年鉴》（JR 機関車年鑑）、《私人铁路车辆年鉴》（私鉄車両年鑑）、《军用无人机年鉴》（軍用ドローン年鑑）、《自卫队飞机年鉴》（自衛隊機年鑑）七部年鉴产品。

2.《经典飞机年鉴》发展概况

《经典飞机年鉴》（Flugzeug Classic Jahrbuch），创刊于 2000 年，由德国加拉蒙出版社（GeraMond Verlag）编辑出版，每年一卷，主要登载德国军用机空中飞行历史周年纪念、复制或修复旧式军用飞机情况、航空先驱者事迹、经典军用飞机机型信息及背景介绍等内容。

加拉蒙出版社成立于 1989 年，主要出版有关技术和收藏专题的刊物。2000 年，创刊《经典飞机》（FLUGZEUG CLASSIC）月刊杂志，主要刊登有关航空历史的文章，并推出了《经典飞机年鉴》。现在加拉蒙出版社共有《经典飞机年鉴》《建模年鉴》（Modellbau Jahrbuch）、《拖拉机年鉴》（Traktoren Jahrbuch）、《经典汽车年鉴》（Auto Classic Jahrbuch）、《电车年鉴》（Strassenbahn Jahrbuch）、《铁路年鉴》（Bahn-Jahrbuch）六部年鉴产品。

二 《战斗机年鉴 2017-2018》与《经典飞机年鉴 2016》介绍

1.《战斗机年鉴 2017-2018》介绍

● 《战斗机年鉴（2017-2018）》目录

卷首特辑 1	卷首特辑 2
美国海军航空母舰舰载机联队 / 4	日本航空自卫队的 F-35A / 12

《战斗机年鉴2017-2018》于2017年4月出版，日文编写，售价2700日元。开本为大16开（210mm×256mm），共287页。封面外有护封，配有美国F-35A战斗机空中俯拍彩色照片，护封图片直观、明确，视觉冲击力强，契合了年鉴主题。封面设计和护封相同，黑白印刷，简朴大方。年鉴卷首特辑用彩色印刷，卷首后正文至65页为彩色和黑白穿插印刷，每隔一页为彩页，第 66 页后全部为黑白印刷。全书采用高品质带涂布胶版纸，清晰度高，轻便，美观。

年鉴共设 4 个类目，正文部分采用文章体，体裁以说明为主，穿插有叙事，文风简洁、朴实。"卷首特辑"类目配多幅彩照介绍美国海军航空母舰舰载机联队和日本航空自卫队 F-35A 战机。"固定翼篇""旋翼篇"类目介绍了世界各主要国家和地区截至 2017 年 1 月正在使用、持有及研发中的机型，包括了战斗机、攻击机、轰炸机、武装直升机等 138 种机型。各篇文章以机型名称为标题，标题处的国旗标志直观反映出机型的拥有国，文中配有飞机构造图、外形照片等图片，结尾处附有性能参数和保有数表格。对各机型的介绍全面而丰富，既有发展沿革，也有技术规格、设计特色，还包括了制造和保有情况。"资料篇"类目收录了各国战斗机用航空发动机一览表、机载导弹一览表、军用机简称、索引、单位换算表等内容。

● 每篇文章中均附带有此类的飞机构造图

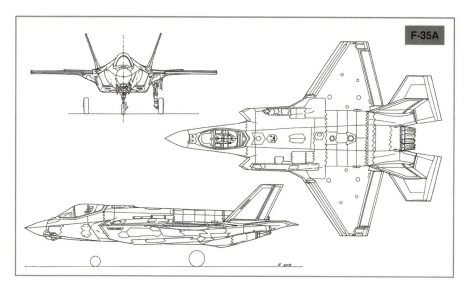

在伊卡洛斯官网（http://www.ikaros.jp）和日本亚马逊网站上都可以购买到这本年鉴。

2.《经典飞机年鉴（2016）》介绍

● 《经典飞机年鉴（2016）》目录

《经典飞机年鉴（2016）》于 2015 年底出版，德文编写，售价 9.9 欧元。开本为大 16 开（210mm×280mm），共 98 页，约有 250 张插图。封面配有 6 副从正文中摘选的照片，错落有致，色调和谐。全书采用胶版纸张，彩色印刷，图文并茂，制作精良。

年鉴所记内容没有特定年度时限，共 10 篇文章，不分类目，而是分为"周年纪念""旧时代""现代史""技术""人物" 5 个主题。目录和正文页眉处均标注有文章主题，但相同主题的文章没有刻意编排在一起。文章的体裁以记叙

Der lange Weg zu den Tragflächen

Der Pilot trägt die Verantwortung und die Flügel tragen das Flugzeug. Für Peter Brüggemann geriet der Bau der Tragflächen äußerst langwierig. Musste er diese doch mühsam in Handarbeit anfertigen – Schnitzer durfte er sich dabei keine erlauben.

Tragflügelbau: Kastenholm und Rippen. Hier entsteht der kleine Flügel für die Fahrwerksachse

机翼制造图

Der Mittelflügel
hat an den
Ansätzen am
Rumpf Aus-
sparungen

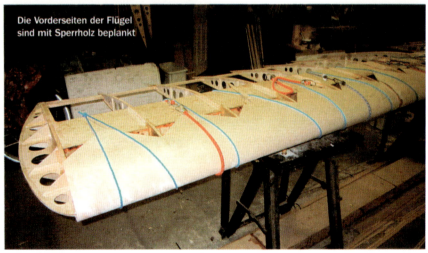

Die Vorderseiten der Flügel
sind mit Sperrholz beplankt

为主，文风生动，富有感染力。内容包括 2016 年德国军用机空中飞行历史周年纪念展望，复制或修复 Bf109G-2、Fi 156 等德国二战军用飞机情况，推进旧式军用飞机航空表演进展，德国军用飞机发展里程碑事件，有关德国一战王牌飞行员马克思·伊梅尔曼和奥斯瓦尔德·波尔克的事迹，德国曾经投入使用的经典军用飞机机型参数及背景介绍等，并配有大量图片。各篇文章层次清晰，文中各层次设有小标题，从多个方面、多个角度展示材料、表达主题，便于读者快速准确查找内容，理清文章结构。

在经典飞机杂志官网（www.flugzeugclassic.de）、德国和美国的亚马逊网站上都可以购买到这本年鉴。

三 《战斗机年鉴》与《经典飞机年鉴》特点比较

1. 功能定位

《战斗机年鉴》和《经典飞机年鉴》均为民办刊物，由专业性的出版社、杂志社编辑出版，面向社会发行，选题定位精准，与目标读者需求紧密结合，经过了市场的验证，拥有大批忠实读者。这和中国年鉴多为官办刊物，主要从本地区、本行业主管单位角度出发，向所辖、所属单位发布年度官方公报或业务信息，读者主要为党政机关和企事业单位工作人员、专家学者和科研人员等有着很大不同。两本年鉴在具体功能定位方面各有特色。《战斗机年鉴》资料性工具书特征明显，内容全面、广泛、系统，重点突出，时效性强，既能供军用飞机爱好者通读全书，也便于专业读者查找所需资料。值得注意的是，不同于中国专业年鉴大都主要吸纳本国或本地区新情况、新信息，《战斗机年鉴》选材更加具有国际视野。不仅关注本国战斗机型号，更立足于关注世界范围内其他国家、各大洲的机型。这种注意将国外相关资料、信息编辑成年鉴出版的做法，是我国年鉴编纂事业在发展中值得借鉴的。与一般年鉴相比，《经典飞机年鉴》资料性工具书的特征并不明显。这部年鉴与同样由经典飞机杂志社出版的《经典飞机》月刊杂志联系密切，都以德国军用航空历史发烧友为主要受众人群，侧重于科普性、知识性和趣味性，在框架结构、内容基调、版式设计等方面，与月刊杂志风格也较为相近，更像是连年出版的消遣性杂志特刊。

2. 框架结构

从两部年鉴的框架结构来看，《战斗机年鉴》和中国的专业年鉴较为相近："卷首特辑"类目类似于中国年鉴的特载；主体部分按大洲、国家或地区分为三至四级目；正文后的各类表格和中国年鉴中的附录也颇为相似；卷首目录和卷末索引的设置，便于读者按国家或机种快速查找信息。总的来说，《战斗机年鉴》框架脉络清晰，分类合理，既全面覆盖了世界各地战斗机主要机型，也突出了重点机型。而《经典飞机年鉴》框架结构和消遣性杂志更为相似，更加自由灵活。全书没有明显的类目划分，正文的文章虽标出了标题主旨类别，但并没有像一般年鉴一样把同类主旨文章设置在同一类目下，呈现出个性化的特征。

3. 内容风格

《战斗机年鉴》和《经典飞机年鉴》内容都以文章体为主要表现形式，内容纪实性强。《战斗机年鉴》承载信息量更大，各篇文章内容整齐划一，相对更正式、更严肃，很少有议论和臆测，记述本国和别国机型的文章间没有感情色彩上的区别。虽然限定收录 2017 年正在使用或持有的机型，但在介绍机型研制情况等内容时适当收入回溯性和预测性资料，体现了记述的灵活性。

《经典飞机年鉴》内容更为多样，除介绍经典军用机机型外，还收录了相关事件、人物等方面的专题文章，甚至还设置了和读者互动的小游戏，更具有趣味性和生动性。这本年鉴的生动性还体现在文章的表述方式上，如 2016 卷中写道："对于长腿的激情""从手术刀到螺丝刀"等语言。书中所有内容都紧扣"经典"主题，只选择性吸纳经典的资料和信息，并不像一般年鉴一样追求收录内容的全面完整。此外与中国年鉴着重介绍新情况不同，《经典飞机年鉴》虽包含年度信息和对下一年度飞行事件进行预测和提示的内容，但所涉机型均为老式飞机，涉及大量空战史、历史航空人物、军用飞机产生发展史等历史信息，文字间流露出一种老派怀旧的情怀。

4. 版式设计

两部年鉴均充分利用图表、照片、绘图、附录等多种表现形式，增强了年鉴的可读性，但在具体设计风格方面两书各有特色。《战斗机年鉴》版面紧凑，每页划为3栏，每栏52行占满版，信息量大，留白较少，图表搭配合理，确保了良好的视觉效果。刊登图片为各机型照片和构造图，风格统一，设计简洁舒朗，更为朴实、大方，除少量页面采用彩色印刷，大部分页面采用黑白印刷，可见编者精打细算，不求奢华。《经典飞机年鉴》采用全彩印刷，文字中穿插大量图片，除飞机飞行照、机体内部照片外，还有人物照、场面照、手绘的趣味漫画等。文字和图片的编排自由灵活，相互呼应，一些页面图片占据了版面的主导内容，仅配少量文字，具有很强的视觉冲击力。整本年鉴版式设计生动活泼，并达到图文浑然一体的效果。

● 《战斗机年鉴》选材更具国际视野，部分译文节选

美国空军、海军以及海军陆战队共同的新型战斗机开发计划的开展是要在联合攻击战斗机（JSF）开发计划中实现以下几点目标。如制造作为验证机(CDP)投入竞标的波音X-32型机和洛克希德·马丁X-35型机，在2001年10月26日试飞工作迎来尾声之际选定能够将洛克希德·马丁的型号进行系统开发并进入实证阶段的企业、开发F-35A/B/C型战机。此联合攻击战斗机系列计划开发一种新机型来代替正在美国空军服役的F-16型战斗机及A-10型攻击机和美国海军的F/A-18A-D型战斗机以及美国海军陆战队的F/A-18A-D和AV-8B型战斗机。截至目前，美国空军计划装备1763架，美国海军计划装备430架，而美国海军陆战队

计划装备 250 架新型战斗机及携带的装备。而在计划实行之初参与进来的英国也计划为空军和海军引进 138 架新型战斗机（此外在初期阶段生产 3 架），如此算来新型战斗机预期制造数量共 2584 架。此外，F-35 型战斗机也将成为代替 F-16 型战斗机，进行出口贸易的第五代战斗机，最终的生产数量可能会超过 F-16 型战斗机。

采用量产型工艺制造的 SDD 机型的初号机（AA-1）于 2006 年 7 月 7 日发布并于 12 月 15 日进行试飞。而在发布推广仪式上也发表了初号机的昵称——闪电 Ⅱ。

在要进行和 X-32 进行飞行比较评估的实证评价阶段，制造了 2 架 X-35 型号机，初号机（X-35A）和 2 号机（X-35C）分别在 2000 年 10 月 24 日和 2000 年的 11 月 16 日进行了首次飞行。X-35A 在 2000 年 11 月 22 日完成了其飞行试验后被改造成 X-35B 型。2001 年 6 月 23 日，X-35B 型机首次亮相试飞。针对 X-35 型号所采取的横跨 2 机 3 种型号的飞行试验在 2001 年 8 月

6 日全面结束（最后进行试飞的是 X-35B 型号战斗机）合计试飞 139 架次（X-35A 27 架次，X-35B 39 架次，X-35C 73 架次），飞行时间达到 116.9 小时（X-35A 27.4 小时，X-35B 21.5 小时，X-35C 58 小时）。飞行过程中最大高度达到 34000 英尺，三种型号的战斗机均达到最大飞行仰角为 20 度的标准，最大速度达到 1.22 马赫（X-35C 的速度达到了 1.22 马赫，X-35A 的最大速度是 1.05 马赫，X-35B 的最大速度达到了 1.2 马赫），飞行最大负荷分别为 X-35A 和 X-35B 的 5 吨，X-35B 的 4.8 吨。

实证评价的比较审查结果相关的详细情况虽然并未明确，但美国国防部主管后勤事务的副部长彼得·奥尔德里奇针对 X-35 型号验证机如此说道："我们超越了探讨在这个机体上所设置的目标性能是否合适的这个阶段，转而做到了计划实行的下一阶段所需要的水平和技术上的成熟度"。

总体来说，F-35B 型号的完成度更高，短距、垂直起降型采用矢量喷管和涵道风扇则为其加了很多分。

实证评价中制造出来的X-35型验证机是基于量产型制造需求而设计的，实际上验证机和量产型的F-35型战机没有差别。洛克希德·马丁公司发表的从技术验证机型到SDD机型的改变的方面在于以下几点：

● 前方机体延长5英寸（12.7厘米），为电子器械以及传感器类的搭载空间。

● 水平稳定器向后方移动2英寸（5.1cm）=对应前方机体的延长，为了维持安定性和操纵性。

● 机体下方增高1英寸（2.3CM）=为了增加机内搭载的燃料量。（增加约136千克）

● 简化机体下方额起降机和鼓风机=由两扇折叠式改为后补带有折页的一扇门的形式。

● 《经典飞机年鉴（2016）》中内容节选

永远年轻

低空的太阳散出温暖的光，安静而舒适的新鲜空气赋予了许多秋天的气息，使它成为一年中最美的季节。如果你能在经典双翼机上敞开式驾驶舱中体会到它，那将会是加倍的享受。安德烈福克斯在他的Bü133"青年冠军"飞机上也同样享受着这种纯粹的驾驶乐趣。自2014年以来，它一直进驻萨克森的格洛森海恩。据称这台原装德国机器于1940年在瑞士阿尔腾莱茵建为许可建筑，直到Paul Ressle收购了"青年冠军"，它才来到了德国。

它完全修复了飞机，并使它成功模仿了20世纪30年代第一次飞行特技表演中出现的LG+07。此外，历史不仅完全展现了这个令人印象深刻的双翼飞机，也记录了7气缸——星形发动机，属于西门子霍尔克斯sh14的类型，工具仪器也都是原厂零件。明年，这架飞机将带着极高的安全性在Hahnweide机场或布吕克比赛中亮相。

≫ 姜　原　北京市朝阳区地方志编纂委员会办公室

体育年鉴

一 《体育年鉴》发展概况

《体育年鉴（2017）》封面

《体育年鉴》（のスポーツ年鑑）由小学馆株式会社等公司出版发行，每年1卷，刊登上一年度内国际和日本国内主要体育赛事、各种运动、竞技结果的记录与数据等内容。

小学馆株式会社创建于1922年，总部位于日本东京，是目前日本三大出版公司之一。创始之初，小学馆主要经营各种小学教学用期刊，现已发展成为兼营图书、期刊、漫画、工具书、光盘等多类出版物的大型出版公司。目前，小学馆出版杂志70多种，年发行3.8亿册、销售3亿册。现有图书6800种，平均年出新书750种，其中包括《哆啦A梦》《名侦探柯南》等著名漫画作品。近几年来，小学馆与各国具有代表性的出版社开展了合作出版业务，中国的商务印书馆等30多家出版社与小学馆建立了版权合作业务关系。《体育年鉴》是小学馆的期刊之一。

二 《体育年鉴（2017）》介绍

● 《体育年鉴（2017）》目录

《体育年鉴（2017）》于 2017 年 2 月出版，日文编写，售价 3500 日元。开本为正 16 开（182mm×245mm），共 223 页。封面设计采用深绿色为底配以 6 张精彩的年度体育赛事照片。全书采用铜板纸张，全彩印刷。图片色彩艳丽，有较强的视觉冲击力，阅读感轻松愉悦。

在内容上，全书包括前言、年鉴阅读指南、体育用语集锦、卷首特辑（记录日本运动员代表在里约热内卢残奥会的热点新闻）、体育赛事、2016 年体育运动数据汇总、里约奥运会记录、索引几大部分，共收录 204 张照片、75 个表格、48 张示意图，记录时间为 2016 年 1 月 1 日至 12 月 31 日。主体内容采用主页、附页与其他赛事页三种记述形式，主页按照时间顺序记述重要赛事；附页做主页相关内容的补充；其他赛事页是以月为单位，按照时间顺序对较小赛事汇总记述。不论是主页、辅页还是汇总页，所有赛事都是以图文并茂的形式呈现。赛事消息多取材于媒体报道，相关知识、数据由编辑自行搜集整理。同时，年鉴将 77 项主要体育运动分为 10 类，用不同图标表示，标注在每个赛事文字介绍的右上角；在每页书口处用不同颜色的梯标标注 1~12 月。这些做法提升了年鉴的工具性性能，使读者阅读更加方便。

三 《体育年鉴》的特点

1. 编写体例新颖

《体育年鉴》打破大多数年鉴按不同类别设置类目的框架设计，而采用设主页、附页和其他赛事页的编排方式。主页采用编年体体例，按照时间顺序详细介绍一年内 77 项主要体育赛事，附页对主页做补充说明，介绍相关要点、获奖运动员的具体情况、相关项目的小知识等内容。其他赛事页也是秉承编年体体例，介绍主页上未能收录的较小体育赛事，介绍较为简单，没有相关事件的补充说明。在主页记述的赛事中，为了使每一个体育赛事更加完整，书中对部分必要的体育赛事做适当前溯、后延或展望，时间不完全囿于年度内。如 2017 卷的"卷首特辑"中介绍男子全能运动员白井健三时是这样记述的："在六个项目的男子全能项目比赛中，2013 年、2015 年世锦赛男子自由体操项目的王者、选手白井健三以 89.700 分位列第二名。……2016 年还未满 20 岁的白井健三将在 2020 年东京奥运会上成为令人期待的明日之星。"

2. 内容生动具体

《体育年鉴》内容丰富，记述具体，语言生动，与中国年鉴的"直陈其事、不加评论"略有区别。如 2017 卷在记述里约奥运会日本 48 公斤级女子举重运动员三宅宏实时写道："三宅宏实自 2012 年在伦敦比赛中先获得银牌，在这次比赛中奋发努力获得了铜牌。她的腰伤是老毛病，这次她是在打完镇痛剂后上场的。赛后，30 岁的她喜笑颜开地说：'年龄不同，奖牌的分量当然也截然不同了。'"这段文字中"打完镇痛剂后上场",这样的记述非常具体,且富有温度;"喜笑颜开地说",这样的句子,更是将运动员当时的形象跃然纸上,生动至极。

3. 相关资料翔实

《体育年鉴》除对于体育赛事的翔实记述外,对于大赛以及大赛成绩突出的运动员的成长经历、历次比赛成绩以及此项运动的基本情况也有翔实的介绍。对于一些不便于文字表述的内容,还辅以图片、示意图,使读者一目了然。如 2017 卷在介绍乒乓球运动员石川佳纯以 4:1 战胜平野美宇获得三连冠的赛事后,又补充了两名运动员以往的比赛成绩以及乒乓球的基本知识,如打法、规则,乒乓球桌的宽度、高度,乒乓球的大小变迁,中间横网的长度、高度等,而且,除了进行文字的详细介绍外,并辅以图片、示意图,做到图文并茂,提升阅读轻松度。

》杨　旭　北京市石景山区地方志编纂委员会办公室

天文年鉴

一 《天文年鉴》发展概况

《天文年鉴（2017）》封面

《天文年鉴》（天文年鑑）创刊于 1927 年，由日本天文年鉴编辑委员会编辑，诚文堂新光社（誠文堂新光社）出版，每年 1 卷，刊载各种天文相关数据。

诚文堂新光社前身为诚文堂，创建于 1912 年，主要出版宠物、少儿科学、天文月刊、园艺等杂志，期刊和各类书籍。1927 年，《天文年鉴》由天文爱好者协会编纂创刊，是为日本发行较早的专业性年鉴之一。1928 年，《天文年鉴》开始由新光社发行。1933 年，

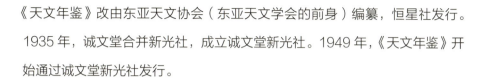

《天文年鉴》改由东亚天文协会（东亚天文学会的前身）编纂，恒星社发行。1935 年，诚文堂合并新光社，成立诚文堂新光社。1949 年，《天文年鉴》开始通过诚文堂新光社发行。

二 《天文年鉴（2017）》介绍

● 《天文年鉴（2017）》目录

《天文年鉴（2017）》于 2016 年 11 月出版，日文编写，售价 1000 日元（税前），是日本亚马逊网站上的畅销书。开本为正 32 开（128mm×182mm），共 343 页。封面以单一颜色为底色，上部为年鉴名称，下部为一张天体图片。里面除几页彩插图片外，均为黑白印刷。

该卷年鉴包括"卷首插图""天文大事记""数据"3 个类目，另附有体例说明、星座图、月历表等内容。年鉴采用文章体，每篇文章的作者均为日本各天文台、天文研究会、大学等机构的专家。其中，"卷首插图"类目登载的是 2015 年、2016 年引起热议的火星靠近地球、水星凌日、印度尼西亚看到的日全食等的图片及简单的文字说明。"天文大事记"类目主要刊登 2017 年一年内的天文现象，对每一月的天空状况和话题都做了详细介绍，并对年内即将出现的日、月、星食，日、月升落时间，重要行星的运动，流星、彗星等的信息做专题介绍。此外，类目中也涉及少量 2015 年和 2016 年的重要天文事件。

"数据"类目没有严格的时限，多数介绍近两年内的天文数据，也有记载更长历史时段的数据。主要选录了天文学基础公式与计算，天文现象的数据记录，天体的观测，最新的发现，天文器材的相关数据等。

年鉴中所记内容多以日本国内各地为观测点，使用了大量的数据表和示意图，并带有各类天体计算，讲求专业与精深度，适合有一定天文学基础的读者阅读。

● 年鉴中附有大量且多种样式的示意图

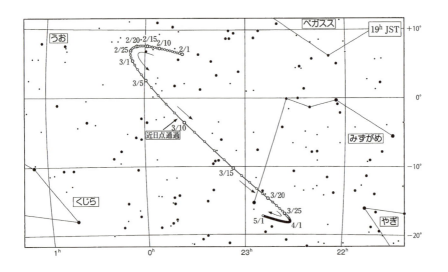

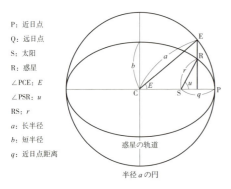

P：近日点
Q：远日点
S：太阳
R：惑星
∠PCE：E
∠PSR：u
RS：r
a：长半径
b：短半径
q：近日点距离

惑星の軌道

半径 a の円

三 《天文年鉴》的特点

1. 对未来的指向性

年鉴最初即记录天文、气象等信息，以帮助人们掌握时令、卜知吉凶，故天文是外国年鉴中最为悠久、广泛的题材，很多国家迄今仍出版有天文类年鉴。天文类年鉴大多以使用年作为卷号，登载未来一年内天体的运行，对天文现象进行预测。测算未发生的事物以提供指导，而非以记录、存史为鹄的，是天文年鉴的显著特点。随着时代的发展，人们依靠天文年鉴来得知天时，从而进行生产生活的情况移易，天文年鉴逐渐转向为天文爱好者的工具书，为其观测各种天文现象、了解天文知识提供帮助。如《天文年鉴（2017）》中所刊的 2017 年的各种星食时间、天体出没时间、天体运动图，相应的观测方法，以及对更长远时间段内会出现的重要天象的预测等，都是对接天文爱好者的兴趣点，使爱好者可以据此来进行下一年的相关活动和对未来有所期许。因此，《天文年鉴》可以确实为读者所用，故日本读者评价《天文年鉴》为"每年都会买，持续买了很多年，已经成为习惯"的专业年鉴。

● 《2017 年的主要天文现象》内容节选

2017 年的主要天文现象

2017 年的主要天文现象从地球整体来看，各有一次日环食和日全食，但是日本无法观测到。有一次月偏食，在日本可以看到。

2 月 26 日~27 日（日，以下为日本时间）的日环食，可在南美大陆南部、非洲大陆南部、南极大陆的一部分、太平洋东南部以及大西洋南部看到，但是在日本包括半食都无法看到。

8 月 8 日（周二）的月食，在日本的全国各地都可以看到，月食的开始时间为 2 点 22.3 分，食甚时间为 3 点 20.5 分，月食结束时间为 4 点 18.8 分。食甚时的本影等级为 0.251 的偏月食。

8 月 22 日（二）的日全食的可见地区横跨北美大陆，日食的持续时间最大达到两分四十秒。可见地区包含的陆地长度达到大约 4200 公里，适合观测的候补地点有很多，加上又是暑假期间的天文现象，因此届时日本也将会有很多人参加这次日食之旅。但是要注意，这是美国时间 8 月 21 日白天的现象。关于这些日食和月食的详细解说请参照第 44 页。

行星现象方面，1 月 1 日（周日）的傍晚在西南方向上空，火星和海王星将接近到仅有 1'.1，最接近时刻预计在 15 点 54 分。

水星将在 7 月 25 日发生水星食现象，掩藏于西方低空的月龄 2.0 的弯月里。在东京预计将于 18 时 56 分潜入暗边缘，19 时 50 分从亮边缘出现。水星食还将在 9 月 10 日的早晨出现，但是由于离太阳太近，条件较差，所以建议大家关注 7 月 25 日的这一次。包括其他的星食信息（数次的艾尔帕兰食和轩辕食等）的详细解说请参照第 51 页。

年初，作为夜晚的明星而熠熠生辉的金星，将于 1 月 12 日（周四）在东方形成最大倾角，此后 2 月 17 日（周五）达到最大亮度。3 月 23 日将迎来内合，成为凌晨的明星，在凌晨的东方上空闪耀。于 6 月 3 日（周六）达到西方最大倾角，2018 年 1 月 9 日（周二）迎来外合。

此外，在 2016 年曾经中接近的火星，也于年初一度在傍晚的西方空中以一级亮度闪耀，于 7 月 28 日迎来相合，此后移动到凌晨的东方，并与 2018 年 7 月迎来大接近，逐渐开始靠近地球。

2. 专业性数据丰富

数据是客观性、资料性的体现，一定量的数据引用，可以大为扩展纸质年鉴有限空间的信息存储量，补充文字表述的不足。《天文年鉴》中即运用了相当丰富的数据，包括表格、图、叙述文字、算式等几种形式。以 2017 卷为例，在小 32 开本总共 343 页当中，共有 161 个表格，包括时间数值、观测数值、统计数值、计算数值等，最小的表格如火星子午线通过时刻表，只有三列两行，最大的表格如太阳历表，共占据 7 页，含 2000 多个数值；202 幅图片，以天体运行和测算示意图为主，间有少量数值统计图；所有的叙述文字，也基本由多种数据作为支撑，没有主观观点；多处运用到公式并进行运算，体现数据加工的深度。比较于英国的《天文年鉴》和日本的《星空年鉴》，其数据的使用量都远在之上，这也体现了《天文年鉴》较为专业的定位。

3. 基础与引申相互结合

《天文年鉴》的内容较为综合，融天文观测、知识介绍、理论阐述于一体，并非只偏重于一项。虽然主体定位较为专业，但仍然兼有基础性内容。如 2017 卷中，针对一般的天文爱好者，有精确到分的重要观测时间点的全面介绍，并配有观测建议；在"数据"类目前写有天文常数、岁差、倾角、年月长度、单位换算、轨道要素等的基础数据和换算，以帮助理解。针对较为专业的人士，有更加深入的专题文章，文章中涉及较多的运算。并且，文章收录的内容也较为前沿，如 2017 卷中介绍了近年来各国所发射的人工天体，包括了美国、日本、澳大利亚、俄罗斯、朝鲜等国，视野宽阔。这样的立体搭配，增加了年鉴的可阅读维度，使读者群更加广泛，有利于年鉴的传播和发展。

》 曹亚红　对外经济贸易大学

》 王韧洁　北京市地方志编纂委员会办公室

南非年鉴

一 《南非年鉴》发展概况

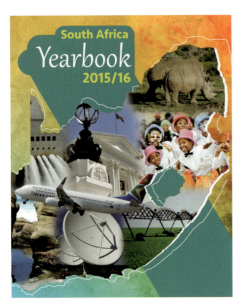

《南非年鉴（2015/16）》封面

《南非年鉴》（*South Africa Yearbook*）是一部综合性年鉴，收录了大量的信息与统计资料，作为南非共和国的官方权威综合性参考文献，全面描述南非的国家现状及政府在各个方面的新举措、新政策和新成就。

南非早在南非联邦时期即有官方年鉴，是南非联邦、巴苏陀兰、博茨瓦纳保护国和斯威士兰的官方年鉴，于 1960 年出版最后一本，为这一时期的第 30 本官方年鉴。从 1961 年南非共和国建立，直到

1974年，南非没有出版官方的年鉴。在此期间，南非国内、国外迫切需要有一部全面而权威的参考文献，能够收录南非详细的统计数据、地图、照片和图表等。为了满足这一需求，南非共和国自1974年开始编纂官方年鉴，名为《南非1974：南非共和国官方年鉴》（South Africa 1974：Official Yearbook of the Republic of South Africa），由南非外交部和信息部编辑、伦斯堡克里斯范出版有限公司（Chris van Rensburg Publications Limited）出版，每年编辑出版一本。自1994年起，南非的官方年鉴更名为《南非年鉴》（South Africa Yearbook），改由南非政府通信部［Government Communication and Information System（GCIS）］编著和出版，仍旧每年出版一本。

二 《南非年鉴（2015/16）》介绍

● 《南非年鉴（2015/16）》目录

《南非年鉴（2015/16）》电子书采用 PDF 格式，大小约为 12.1MB，统计字数 30 余万字，共 535 页，依次序分别为：封面 1 页、目录 1 页、前言 1 页、版权页 1 页、过渡页 1 页、正文 486 页、附录 44 页。全书彩色设计，图文美观、内容种类齐全，以小字排版，页无空行，信息量密集。

《南非年鉴（2015/16）》主要记载 2015 年 11 月至 2016 年 10 月期间南非所享有的丰富资源，政府为发展南非、改善人民生活所做出的努力和取得的成绩。沿袭之前各卷的框架设置和编排方式，采用分类化框架编排的方式，设置 24 个类目，除"土地和人民""历史"两个类目外，其他类目均按英文字母顺序排列。前言为南非总统题写，概述年鉴内容，说明其定位。正文为文章体，以概括性文字叙述为主，配以图表，各类目间加彩色插图过渡。附录包括缩略词表、国家政府部门和组织机构的信息（含地址、电话和传真，部分有网址）。

南非政府通信部网站（http://www.gcis.gov.za）提供了《南非年鉴（2015/16）》电子书的免费下载，可分类目下载，也可下载全书，下载链接旁标注电子文件大小，但网站上和电子书中均未标明出版时间，以及纸质版的开本、印张和定价信息。

三 《南非年鉴》的特点

与中国年鉴相比，《南非年鉴》在装帧设计、记载时限、类目设置、资料类型和内容表述方式等方面存在差异，其中一些做法较具特色，值得我们研究和借鉴。

1. 记载时限和卷号与中国年鉴不同

《南非年鉴》所记载内容的时限不是一个完整年份，而是跨年度的，相应的书名卷号使用的年份也不是一个，而是以"/"分隔的连续两个年份，这在中国年鉴中并不多见。南非政府通信部网站上提供的 2001/02 至 2015/16 卷均是如此，卷号与内容时限的相关性却不尽相同。2001/02 至 2012/13 卷，"/"前的年份是内容年份，"/"后的年份是编辑年份或出版年份；而 2013/14 至 2015/16 卷，"/"前后的两个年份均为内容年份。

2. 框架设置相对稳定，类目内容有别于中国年鉴

《南非年鉴》大部分类目和内容长期保持稳定，个别卷次设置年度性专题内容，没有设置中国年鉴中常见的文前彩图、特载、专文、法律规章、大事记、统计表，自 2009/10 卷后不设置概述。在其官网上提供的 2001/02 至 2015/16 卷年鉴中，大部分设置 24 或 23 个类目，个别设置 22 或 26 个类目，其中 15 个保持不变，4 个名称做了近似修改，2 个减，2 个增，主要是因类目合并和拆分或增设专题类目引起数量变化。15 卷年鉴中，有 3 卷设置了专题性类目，分别是 2009/10 和 2010/11 卷关于 2010 FIFA 世界杯专题"南非是获胜国！"和"2010 FIFA 世界杯——我们做到了！"以及 2013/14 卷纪念南非 1994 年大选专题"南非自由 20 年"和"纳尔逊·曼德拉 1918~2013"。

3. 年度统计性资料和数据较少，内容表述形式有优有劣

《南非年鉴》内容表述多以综合性、介绍性文字为主，未使用条目体，仅使用少量的表格，多为一览表，几乎没有统计表。内容年度性不强，在叙述中偶尔会提及近几年整体的变化情况，但并没有具体的资料。值得一提的是，

《南非年鉴（2015/16）》书中多个类目使用了链接资料形式，类似于阅读小贴士，使内容突出、更具可读性，这是中国年鉴中较为少见的表现形式。

4. 照片和色彩的运用较为突出

以最新的《南非年鉴（2015/16）》为例，全书图片的整体性较强，每个类目开头都使用了套题的大幅彩色图片，不仅醒目且美观大方，给读者以优美的视觉感受；类目末留白处大多填补了同主题的彩色照片，既提高了版面利用率又增加了艺术设计感；各类目页眉采用不同的颜色，且与目录中对应的类目名同色，纸质版翻阅查找会更加方便快捷。虽然这一特点的主要作用是提高了观赏性，但观赏性是决定读者是否乐于翻阅年鉴和阅读体验如何的重要因素，不容忽视。

总体而言，《南非年鉴》照片和色彩运用突出，内容时限和卷号独具特色，没有设置中国年鉴较重视的特载、专文、大事记等类目，全书以概括性、介绍性文字为主，年度性、数据性不强，但与《南非年鉴（2015/16）》前言所述"《南非年鉴》（2015/16 年版）着重描绘了南非所享有的丰富资源和无数机遇，为南非可持续发展创造了必要条件。本年鉴还突出介绍了南非在成为旅游和投资开放地方面所做出的不懈努力"的年鉴定位相匹配。

● "土地和生活在土地上的人们"类目中"人口"和"语言"部分内容

人口

据 2015 年南非统计局统计，南非年中人口数量为 5496 万，其中约 2807 万（51%）为女性。豪登省是南非人口最多的省份，有大约 1320 万人（24%）。

2011 年人口普查

夸祖鲁－纳塔尔是第二人口大省，有 1092 万人（19.9%）。

北开普省人口约为 119 万（2.2%），

语言（按母语排序）			
语言	百分比	语言	百分比
祖鲁语	22.7%	恩德贝勒语	2.1%
科萨语	16.0%	斯瓦蒂语	2.6%
南非荷兰语	13.5%	文达语	2.4%
斯佩迪语	9.1%	聪加语	4.5%
英语	9.6%	塞索托语	7.5%
茨瓦纳语	8.0%	手语	0.5%

仍是南非人口最少的省份。

约有30.2%的人口小于15岁，约有442万（8.0%）人口在60岁以上。15岁以下人口中，有大约380万（22.9%）生活在夸祖鲁－纳塔尔，328万（19.7%）居住在豪登省。

人口流动迁移是形成年龄结构和省级人口分布的一个重要的人口统计过程。在2011~2016年间，预计约有243118人从东开普省迁出；预计从林波波向外迁移约303151人。在同一时期，预计豪登省和西开普省将分别迁入约1169837人和350569人。2015年，男性预期寿命为60.6岁，女性为64.3岁。2015年，婴儿死亡率预估为每1000名活新生儿中有34.4名。艾滋病感染率约占南非总人口数量的11.2%。2015年，艾滋病毒携带者为619万人。年龄在15~49岁的成年人中，约有16.6%的人艾滋病毒检测呈阳性。

语言

由于南非地处南部非洲的交叉地带，除官方语言外，其他非洲语言、欧洲语言和亚洲语言等也都在这里使用。在南非使用并且在《宪法》里体现的其他语言包括：科西语、纳马语及桑语、手语、阿拉伯语、德语、法语、希腊语、古吉拉特语、希伯来语、印地语、葡萄牙语、梵语、泰米尔语、泰卢固语和乌尔都语。还有部分土著克里奥尔语和皮钦语。

南非全国范围内一般都懂英语，英语是商业、政治和媒体通用语言，也是南非的通用语言。但在11种本土常用的语言中，英语排名仅第四位。

南非的语言多样性使得这11种语言相互间产生了深远的影响。例如，南非的英文囊括了南非荷兰语、祖鲁语、那玛语和其他非洲语言的词汇和短语。

祖鲁语是22.7%南非人口的母语，其次是科萨语16.0%，南非荷兰语13.5%，斯佩迪语9.1%，英语9.6%，茨瓦纳语8.0%，塞索托语是7.5%的南非人口的母语。同时，剩下的四种官方语言，每种只有不到5%的人在家里讲。

此外，有0.5%的人口表示，他们在家里会使用手语沟通。

根据2011年人口普查数据，每个省的主要语言分别是：

● 东开普省—科萨语（78.8%）、南非荷兰语（10.6%）

● 自由邦—塞索托语（64.2%）、南非荷兰语（12.7%）

● 豪登省—祖鲁语（19.8%）、英语（13.3%）

● 夸祖鲁－纳塔尔省—祖鲁语（77.8%）、英语（13.2%）

● 林波波省—塞索托语（52.9%），文达语（16.7%）

● 姆普马兰加省—斯瓦蒂语（27.7%）、祖鲁语（24.1%）

● 北开普省—南非荷兰语（68%）、茨瓦纳（33.1%）

● 西北省—茨瓦纳（63.4%），南非荷兰语（9%）

● 西开普省—南非荷兰语（55.3%）、科萨语（24.7%）、英语（19.3%）。

» 王 岩 北京联合大学

附　录

部分国外年鉴名录

序号	中文译名	原名	国家	主要内容
1	世界年鉴	The World Almanac and Book of Facts	美国	登载上一年度的重要事件，以及政治、经济、科学、历史、地理、教育、体育、流行文化等各方面的参考资料
2	得克萨斯州年鉴	Texas Almanac	美国	得克萨斯州综合年鉴，记录得克萨斯州的政府和政治、经济、自然资源、社会、文化、教育、体育等内容
3	美国政治年鉴	Almanac of American Politics	美国	登载美国政治信息，对相关的事件、选区、人物等进行分析和全面介绍
4	SIPRI 年鉴：军备、裁军和国际安全	SIPRI Yearbook：Armaments，Disarmament and International Security (SIPRI Yearbook Series)	美国	登载美国军备控制和裁军协定的执行情况，以及安全和军备控制领域在这一年的大事记
5	老农夫年鉴	The Old Farmer's Almanac	美国	记录并预测天文事件、潮汐、天气及其他自然现象
6	农夫年鉴	Farmers' Almanac	美国	登载百科知识，并对天气进行预测
7	海航年鉴	Nautical Almanac	美国	登载导航天体、高度方位表和其他对近海航行者有价值的信息

续表

序号	中文译名	原名	国家	主要内容
8	国家地理年鉴	National Geographic Almanac	美国	登载科学、自然、历史、地理等方面的知识性信息，以及摄影、解释性的图表、地图等
9	国家地理儿童年鉴	National Geographic Kids Almanac	美国	登载专门针对儿童的有关自然、历史、地理、技术等方面的知识，以及一些有趣的事实、奇闻、游戏等
10	纽约时报儿童年鉴	TIME For Kids Almanac	美国	登载《儿童时代》杂志策划的时事新闻、知名事件以及有趣事件，主题包括动物与环境、艺术与娱乐、历史、体育、健康与身体、科技等方面
11	卢埃林草药年鉴	Llewellyn's Herbal Almanac	美国	登载草药的配方、工艺、园艺技巧、烹饪、知识、传说等内容
12	卢埃林魔法年鉴	Llewellyn's Magical Almanac	美国	登载各式咒语、魔法仪式和思想
13	卢埃林夜半集会年鉴	Llewellyn's Sabbats Almanac	美国	为巫术爱好者提供庆祝一年中八个巫术节日和提高灵性生活的有趣的方式，涉及典礼、仪式、食谱和工艺品制作等方面
14	卢埃林女巫符咒年鉴	Llewellyn's Witches' Spell–A-Day Almanac	美国	为魔法爱好者每天提供一个符咒，包括爱情、健康、金钱、家庭、旅行、交流等方面，并提出使用建议
15	占星术年鉴	Astrological Almanac	美国	登载每个星座的知识，按照星象的运行对生活各项事件给出最佳时机的建议
16	美国棒球年鉴	Baseball America Almanac	美国	登载上一年美国棒球联盟比赛和业余比赛的全面情况，包括赛事回顾、新闻、统计数据、评论等内容
17	橄榄球外行者年鉴	Football Outsiders Almanac	美国	美国国家橄榄球联盟（NFL）和大学橄榄球赛的年度指南，包括对球队的全面报道、赛期人员变动的分析、赛事的预测、影片的研究等
18	股票交易员年鉴	Stock Trader's Almanac	美国	收集股票市场最新数据，做出每月和每日提示，并提出专有策略，为交易员和投资者提供参考
19	真实的大学招生年鉴	The Authentic College Admissions Almanac	美国	登载进入美国顶尖大学的最新建议

续表

序号	中文译名	原名	国家	主要内容
20	南方生活食谱年鉴	Southern Living Annual Recipes	美国	登载《南方生活》杂志最新的年度精选地区特色食谱，涵盖从简单的日常家庭用餐到更豪华的特殊场合宴席
21	惠特克年鉴	Whitaker's	英国	全面介绍英国政府和地方政府基础设施、下一年天文和潮汐的数据、英国法律、教育、税收、能源、交通、体育、皇室与贵族、上届英国大选时各个选区的完整结果和最新的议员、政府部门和公共机构清单等，并对上一年的新闻进行回顾
22	撒哈拉以南非洲年鉴	Africa South of the Sahara	英国	介绍撒哈拉以南非洲国家政治、经济等总体情况，以及各国地理、历史及年鉴的重大事件
23	天文年鉴	The Astronomical Almanac	英国	提供关于月球和行星的每日数据，并列出数百个天文事件的详细信息
24	天文学年鉴	Yearbook of Astronomy	英国	夜空观测指南，收录星空图和详细的每月天空笔记，描绘下一年的月相、月食、彗星、流星雨和小行星，并登载天文学相关话题的各类文章
25	季节指南年鉴	The Almanac：A Seasonal Guide	英国	登载下一年关于季节的信息
26	春日观察年鉴	Springwatch：The Almanac	英国	为探索自然的爱好者提供下一年每个月的野外探索指南，并配有每月日光和降雨量表
27	月亮园丁年鉴	The Moon Gardener's Almanac	英国	介绍月亮节律对植物和花卉的影响，为种植者规划园艺时间、提供方法指南
28	每月自然：儿童年鉴	Nature Month-By-Month：A Children's Almanac	英国	登载自然测位仪向导、室内外工艺和活动创意、季节性食谱和宗教节日和特别日庆祝等内容
29	老摩尔年鉴	Old Moore's Almanack	英国	对下一年世界大事和每个月进行预测，并登载英国大事记、园艺、赛马、垂钓、英国天气、亮灯时间、英国潮汐时间等内容

续表

序号	中文译名	原名	国家	主要内容
30	芦苇航海年鉴	Reeds Nautical Almanac	英国	提供从丹麦一端一直朝下到直布罗陀、摩洛哥北部、亚速尔群岛和马德拉群岛，围绕全英国、爱尔兰、海峡群岛和整个欧洲海岸线在大西洋沿海水域航行所需的信息
31	芦苇海峡年鉴	Reeds Channel Almanac	英国	为巡航和竞速游艇驾驶者提供从锡利群岛到多佛、海峡群岛的英格兰南部海岸和从加莱到拉贝尔杜特的法国北部区域的导航信息
32	芦苇东部年鉴	Reeds Eastern Almanac	英国	提供覆盖英国东海岸区域的航海导航信息
33	芦苇西部年鉴	Reeds Western Almanac	英国	提供从拉斯角到帕德斯托的海岸线航，以及整个爱尔兰区域的航行信息，包括航海技术、领航、潮汐表、安全规程、导航提示、无线电、灯光、航路点、天气预报、通信、遇险求救等内容
34	芦苇 PBO 小艇年鉴	Reeds PBO Small Craft Almanac	英国	提供整个英国和爱尔兰以及从丹麦到吉伦特的欧洲西海岸区域的小艇驾驶信息，包括潮汐表、潮流和防洪闸、次级港区别、航路点、无线电数据、灯光识别、国际航标协会浮标、国际代码和旗帜、日月升落、紧急救援等内容
35	芦苇活页年鉴	Reeds Looseleaf Almanac	英国	提供从丹麦一端到直布罗陀，围绕全英国、爱尔兰、海峡群岛和整个欧洲海岸线在大西洋沿海水域航行所需的信息。以活页形式放入一个活页夹中，活页夹打开放在海图桌上，使用者可以根据自己的需要定制年鉴，通过添加或移除资料制订年鉴内容
36	巡航年鉴	The Cruising Almanac	英国	针对巡航快艇，提供从设得兰群岛、挪威南部到直布罗陀，从西爱尔兰到波罗的海的欧洲西北部区域的航行信息
37	简氏世界飞机年鉴（简氏世界飞机发展与生产）	All the World's Aircraft：Development & Production	英国	对 550 多家公司目前正在生产或研发的 950 多架民用和军用飞机提供详尽技术信息，包括飞机尺寸、性能、结构、起落架、动力装置和军备，并提供全球飞机制造商及其计划的详细信息
38	麦芽威士忌年鉴	Malt Whisky Yearbook	英国	汇集全球数百家威士忌酒厂、威士忌商店、威士忌场地、新装瓶的最新信息和统计数据，并附有威士忌专家撰写的专题文章以及品酒笔记

续表

序号	中文译名	原名	国家	主要内容
39	作家和艺术家年鉴	Writers' & Artists' Yearbook	英国	对文学和艺术作者提供出版建议和实用指导
40	儿童作家艺术家年鉴	Children's Writers' & Artists' Yearbook	英国	提供传媒业的各方面信息，教授儿童和年轻人如何写作，对作者出版作品提供建议
41	演员年鉴	Actors and Performers Yearbook	英国	提供演艺公司和相关人员的详细信息，以及接触这些公司和人员具体建议，帮助演员在舞台、荧幕和广播等方面的进行训练和寻找工作
42	英国＆国际音乐年鉴	British & International Music Yearbook	英国	涵盖整个古典音乐部门，提供代理商和表演者、作曲家比赛和奖项、音乐会推广、学校进修和高等教育、暑期学校和短期课程、乐器服务、零售商、音乐家和音乐支持、发布录制音乐等信息
43	足球年鉴	The Football Yearbook	英国	登载英格兰、苏格兰联赛和杯赛，冠军联赛，世界杯等赛事的事实和数据，并提供下一赛季英格兰和苏格兰在国内外赛事的重要日期
44	天空体育足球年鉴	Sky Sports Football Yearbook	英国	登载一年内英国国内外足球事件
45	欧洲足球年鉴	Yearbook of European Football	英国	登载一年内在欧洲举行的足球赛事，包括所有 55 个欧足联国家队国际比赛的完整阵容和统计数据，以及这些比赛中出场球员的基本信息。国内足球部分包含每个国家的历年冠军和最佳射手名单、每场顶级联赛的比赛结果和上个赛季的最终排名表、各场国家杯决赛信息、顶级联赛俱乐部的球员名单和其他一些统计数据
46	女子足球年鉴	Women's Football Yearbook	英国	涵盖英格兰前六大联赛和前 90 名女足俱乐部，收录女足超级联赛、英格兰女子足总杯、英格兰女子联赛杯和英格兰女子超级联赛结果、联赛排行榜、球员出场、进球和统计数据等内容
47	机器人和自动化年鉴	The Robot and Automation Almanac	英国	由机器人和自动化权威专家、高管和投资者撰写的文集，每篇文章聚焦于每位作者认为在未来一年会发生的"一件大事"，包括某项机遇、风险、挑战、投资主题、被忽视的趋势、看法转变、步骤变化等

序号	中文译名	原名	国家	主要内容
48	哈里曼股市年鉴	Harriman Stock Market Almanac	英国	为交易员和投资者提供全年应对市场的策略、方法和数据，包括一年中每个月的主要特征、英国市场的主要异常和季节性影响、英国和国际股票指数的背景资料等内容
49	学校管理者年鉴	The School Governors' Yearbook	英国	为公立学校和学院管理者在下一学年提供基本知识和行为指南，包括管理机构须发布的内容、合规目录、年度计划以及缩略语解释等内容
50	巴士年鉴	Buses Yearbook	英国	—
51	奖牌年鉴	Medal Yearbook	英国	—
52	硬币年鉴	Coin Yearbook	英国	—
53	北方人年鉴	Almanach des gens du Nord	法国	—
54	阿尔萨斯年鉴	Almanach de l'Alsacien	法国	阿尔萨斯地方年鉴
55	勃艮第年鉴	Almanach du Bourguignon	法国	勃艮第地方年鉴
56	弗朗什 – 孔泰年鉴	Almanach du Franc–Comtois	法国	弗朗什 – 孔泰地方年鉴
57	列日省年鉴	Almanach de Liège	法国	比利时列日省地方年鉴，在比利时和邻近的法国省发行
58	维莫特年鉴	Almanach Vermot	法国	登载每日一则格言、谚语，日出和日落时间，摘自报刊的小故事，各类游戏，世界各地的奇闻逸事，名人画像，文化知识，在烹饪、养生、园艺方面的一些实用建议等内容
59	文字爱好者年鉴	L'almanach des amoureux des mots	法国	登载对法语特殊词语、一个或意外或费解的表达的有趣解释，以及一些法语的拼写技巧
60	贝丹＋德梭葡萄酒年鉴（贝丹＋德梭葡萄酒指南）	Guide des vins Bettane + Desseauve	法国	登载年度内完整的葡萄酒信息，包括葡萄酒排行榜，有关酒侯、葡萄种植园、酿酒槽和厂区的业内建议，对葡萄酒的评分、销售价格指示以及合适品酒的时间等

序号	中文译名	原名	国家	主要内容
61	复古汽车年鉴	Almanach des voitures rétro	法国	介绍各类历史上的汽车，包括汽车技术的特点、制造商的信息、有关汽车的历史和趣闻等
62	疯狂拖拉机年鉴	Almanach des fous du tracteur	法国	为爱好者或收藏家介绍旧式拖拉机
63	塔拉萨海洋年鉴	Almanach de la mer Thalassa	法国	"塔拉萨"是希腊神话中的海洋女神，年鉴主要介绍海阳环境、海洋遗产、海洋工艺品、故事、趣闻、航海家和其他传统等内容
64	渔夫年鉴	Almanach du pêcheur	法国	为渔民提供各种捕鱼技术、材料选择、鱼类识别、季节气象等的实用建议
65	淡水渔民和海洋渔民年鉴	Almanach du pêcheur eau douce & mer	法国	介绍各种捕鱼技术、有趣轶闻、专家小窍门、法规规则、好的钓鱼点、绿色环保小贴士、美食食谱、渔民肖像等
66	创意年鉴	Almanach créatif	法国	为读者提供各种灵感，比如一份美食食谱或是一个健康的方法，捕捉文化趣事，置身于创意娱乐
67	法国土地年鉴	Almanach des Terres de France	法国	浓缩法国不同地区的丰富信息，包含历史和地域知识、出行计划、美食食谱、生活小窍门等
68	荒野大年鉴	Le Grand Almanach des Landes	法国	以季节为主线，对以前荒原地区的历史、遗产、食谱、动植物、园艺等进行介绍
69	猎人年鉴	Almanach Chasseur	法国	登载一些动物作家、画家的作品，并对一些动物的特殊之处进行介绍
70	厨房年鉴	Almanach de la cuisine	法国	提供一天一个齐全且营养搭配平衡的菜单的想法，两个简单且美味的季节食谱，一张食品的特写，发现法国美食的小故事和传说的问答比赛和引文。另外附有日历和太阳的起落时间
71	菜园年鉴	Almanach du potager	法国	提供月度的园艺任务清单、小窍门、实践小贴士和烹饪食谱等，帮助读者建造一个菜园
72	塔普赛卡玛年鉴	L'Almanach de Tappsykarma	法国	对宇宙能量、天体运行、塔罗牌以及个人情感进行解释
73	德国统计年鉴	Statistisches Jahrbuch	德国	收录联邦德国的各类统计数据

续表

序号	中文译名	原名	国家	主要内容
74	诗歌年鉴	Jahrbuch der Lyrik	德国	介绍德国、奥地利和瑞士诗歌的最新发展状况
75	德国建筑年鉴	Deutsches Architektur Jahrbuch	德国	对每年德国 DAM 最佳建筑奖的提名建筑进行详细介绍
76	树木年鉴	Jahrbuch der Baumpflege	德国	介绍科学且易于理解的树木方面的最新专业知识
77	城镇公共事务工资标准年鉴	TVöD–Jahrbuch Kommunen	德国	登载德国城镇公共事务工资标准和解释、公共事务工资标准趋势等内容
78	国家劳资协定年鉴	TV–L Jahrbuch Länder	德国	登载最新的劳资法律，并附带解释、建议以及补充的劳资协定等内容
79	测试年鉴	test Jahrbuch	德国	汇集上一年度逾百项不同的产品测试和质量监督局的报告，并提供广泛的供货商目录和服务地址，为读者快速采购提供指南
80	财务测试年鉴	Finanztest Jahrbuch	德国	登载上一年度财务产品和服务的测试报告，为读者做出财务决策、节省税款、寻找合适保险等提供依据
81	德国强化治疗和急诊医学跨学科协会年鉴	DIVI Jahrbuch	德国	登载强化治疗和急诊医学方面的文章和最新的科学研究，囊括最新的协议、准则或共识文件，并对临床医学、组织和管理、质量保证、道德等问题进行探讨
82	重症监护年鉴	Jahrbuch Intensivmedizin	德国	登载重症监护发展、被忽视的方面、新的方法和观点方面的文章，为临床实践提供科学合理的更新
83	经典飞机年鉴	FLUGZEUG CLASSIC Jahrbuch	德国	登载德国军用机空中飞行历史周年纪念、复制或修复旧式军用飞机情况、航空先驱者事迹、经典军用飞机机型信息及背景介绍等内容
84	中型运输机以及起重机年鉴	Jahrbuch Schwertransporte & Autokrane	德国	—
85	工程机械年鉴	Jahrbuch Baumaschinen	德国	—

续表

序号	中文译名	原名	国家	主要内容
86	拖拉机年鉴	Traktoren Schlepper Jahrbuch	德国	面向拖拉机收藏者提供市场概况信息
87	卡车年鉴	Jahrbuch Lastwagen	德国	—
88	消防车年鉴	Jahrbuch Feuerwehrfahrzeuge	德国	—
89	电车年鉴	Straßenbahn Jahrbuch	德国	年鉴展示了德国、欧洲以及全世界有轨电车运营的发展情况，并展示了有轨电车博物馆以及机车工业。同时，年鉴对年内电车行业情况进行介绍，对下一年的情况进行展望
90	公共汽车年鉴	Jahrbuch Omnibusse	德国	—
91	模型建造年鉴	Jahrbuch Modellbau	德国	介绍飞机、车辆、船舶等立体模型建造领域的年度亮点、发展趋势和相关背景等内容
92	足球年鉴	Kicker Fußball–Jahrbuch	德国	登载欧洲足球赛事信息以及德国足球甲级联赛的详细数据
93	一级方程式赛车年鉴	Formel 1–Jahrbuch	德国	记录上一年度一级方程式赛车的每一场比赛，并登载相关背景信息、车队和赛手的报道信息以及赛季末的详细统计数据
94	另类年鉴	Das andere Jahrbuch：Verheimlicht, vertuscht, vergessen	德国	对一年中发生的隐蔽事件、神秘事件，包括一些媒体未报道，或报道不实、被刻意隐瞒、歪曲的事实等，进行选取并做出相应的解读
95	右翼主义年鉴	Jahrbuch rechte Gewalt	德国	收集近年来所有在极右主义背景下的犯罪情况，通过文字和照片详细记录了每起犯罪的情况及作案人、作案过程、工作小组、当地的重点案发地点以及基于目前时事背景下的详细的趋势分析
96	恐怖主义年鉴	Jahrbuch Terrorismus	德国	恐怖主义调查标准文献，由不同学术背景以及职业背景的专家学者对当前的恐怖主义进行了大量的数据研究并发表了观点，并对目前的恐怖主义威胁趋势进行了分析，同时进行了国家分析和地区分析，另外还包括一些政治性、理论性问题的讨论会言论

续表

序号	中文译名	原名	国家	主要内容
97	月球年鉴	Das Mond–Jahrbuch	德国	登载月球知识、阴历日历，探究月球规律对人类生活的影响，指出健康、园艺、家务、装修等活动的规律和最佳时间
98	特伦蒂诺年鉴	Annuario Trentino	意大利	介绍特伦蒂诺地区机构、民间团体、土地等总体情况
99	科技与社会年鉴	Annuario scienza tecnologia e società	意大利	每年设有一个主题，提供来自国内与国际的最新科技数据和信息，以此来研究当年的主题社会问题
100	食品年鉴	Almanacco alimentare	意大利	为读者提供每日食谱，介绍烹饪原材料、成本和做法
101	意大利最佳葡萄酒年鉴	Annuario dei migliori vini italiani	意大利	—
102	足球插图年鉴	Almanacco illustrato del calcio	意大利	登载意大利足球和国际足球的排名与比赛结果，以及所有意甲和意乙足球运动员的一览表
103	意大利在线交易年鉴	Annuario del trading online italiano	意大利	通过详细的表格记录意大利境内关于在线交易和自助投资的所有可用资源，包括在线经纪人、市场、金融工具、操作平台、交易服务、培训课程、交易、信息来源、出版商和书籍、事项等内容
104	黑胡子年鉴	Almanacco Barbanera	意大利	遵循著名天文学家和哲学家黑胡子福利尼奥和其朋友西尔维诺的教义，对天体及所有可能发生的事情进行预测
105	地区年鉴	Almanacco rurale detto il miraluna	意大利	农民和城郊（也包括城市）居民的袖珍传统年鉴，包括月相各个阶段、日食、闰余、万年历、顺时日和逆时日、夏至冬至和春分秋分、丰收祈祷盛会、播种日期、婚嫁日期，以及占卜解梦、谚语、故事等
106	天文学年鉴	Jaarboek sterrenkunde	荷兰	对下一年内宇宙间的星象变化进行介绍和预测
107	荷兰设计年鉴	Dutch Design Yearbook	荷兰	对当年荷兰设计奖入围项目进行展示回顾，并对设计领域的热点时事进行分析评论
108	医学年鉴	Geneeskundig Jaarboek	荷兰	提供荷兰所有注册药物的使用说明信息，包括药品的处方、销售或用药方法等，药品种类超过 2000 种

序号	中文译名	原名	国家	主要内容
109	公司治理年鉴	Jaarboek Corporate Governance	荷兰	登载包含商业经济学、法律、商业道德和组织管理等方面的文章，讨论了公司治理各方面的问题
110	荷兰天主教年鉴	Jaarboek Protestantse Kerk in Nederland	荷兰	记录有关信徒和牧师、国家教会、服务组织的所有信息
111	宇宙年鉴	Almanaque El Firmamento	西班牙	—
112	星象年鉴	Anuario Cassanya	西班牙	对下一年的星象进行预测
113	预测年鉴	ANUÁRIO PREVISÕES	西班牙	对下一年的世界趋势、每个星座进行预测，附有星座的颜色图表、星座石的列表、运势表、中国属相表、除祟提示等内容
114	老摩尔年鉴	Old Moore's Almanac	爱尔兰	主题包括对爱尔兰和世界的预测、技术、城市农耕、乡村体育活动、不寻常动物、食谱、超自然现象、传统医学、占星术等内容
115	历史年鉴	Historian vuosikirja	丹麦	—
116	科学年鉴	Tieteen Kuvalehden Vuosikirja	芬兰	—
117	教育和培训年鉴	Kasvatuksen ja koulutuksen vuosikirja	芬兰	—
118	公法年鉴	Ежегодник публичного права	俄罗斯	登载与公法相关的研究课题论文
119	欧洲安全年鉴	EUISS YEARBOOK OF EUROPEAN SECURITY		登载欧盟共同外交与防务政策方面的政策法规、组织机构、安全防卫举措等内容

序号	中文译名	原名	国家	主要内容
120	世界年鉴	世界年鑑	日本	以共同通信社的海外全支局、通信员网、编辑局外信部等记者通过全面采访的庞大的信息为基础，提供世界各国和地区的最新形势，同时收录各国元首、世界人名录、主要统计等资料
121	读卖年鉴	讀賣年鑒	日本	—
122	朝日少年学习年鉴	朝日ジュニア学習年鑑	日本	收录日本国内人口、产业、贸易、交通等统计数据，47 个都道府县中每个都道府县自然、产业、特产、世界各国的基本数据和地图，并登载上一年内的重要事件和百科知识等
123	新闻年鉴	ニュース年鑑	日本	登载上一年内的重要新闻，并对新闻进行解说
124	体育年鉴	スポーツ年鑑	日本	登载上一年内有代表性的体育新闻、相关竞技规则以及一些赛事信息
125	将棋年鉴	將棋年鑑	日本	登载一年内将棋界的动向信息，收录从业余战到标题战全部 500 局以上的比赛信息
126	日本地理数据年鉴	日本地理データ年鑑	日本	登载日本地理的最新数据，各都道府县现今情况一览表，以及年度内的重大新闻
127	天文年鉴	天文年鑑	日本	登载天文现象的解说与观测文章，并对下一年的天文现象进行预测
128	星空年鉴	星空年鑑	日本	介绍下一年的天文现象和星空
129	进口车年鉴	輸入車年鑑	日本	介绍最新进口车的动向
130	迷你车年鉴	ミニカー年鑑	日本	介绍世界各国、各种品牌的迷你车
131	普通列车年鉴	普通列車年鑑	日本	介绍普通列车新型车辆、线路变化等最新信息
132	特快列车年鉴	特急列車年鑑	日本	介绍特快列车最新车型和发展动态，并含有一些历史发展的回顾
133	私营铁路年鉴	私鉄車両年鑑	日本	对日本隶属于 15 家大型私营铁路（除了东京 Metro）的营运用车辆，工程用车辆、救援车、配给列车等事业用车等进行介绍

续表

序号	中文译名	原名	国家	主要内容
134	世界飞机年鉴	世界航空機年鑑	日本	对世界民用机、军用机、直升机、UAV等不同种类的飞机，通过照片和图纸的形式进行解说
135	战斗机年鉴	戦闘機年鑑	日本	登载世界主要国家和地区现役战斗机、攻击机等机型的研制历程、技术规格、具体设计、性能参数、机体特征等内容
136	航空年鉴	エアライン年鑑	日本	汇聚介绍世界各航空公司的概要、历史、航运机型、航运机数、航运航线等信息
137	旅客机年鉴	旅客機年鑑	日本	对世界各类现役航空航班机种的性能、特征、制造商、开发经过等进行介绍和解说
138	自卫队装备年鉴	自衛隊装備年鑑	日本	登载日本自卫队最新配备的枪支、弹药、车辆、飞机、舰艇等的详细信息，和在武器发展、防卫计划等方面的论文或资料
139	美术年鉴	美術年鑑	日本	—
140	活跃在日本的插图画家年鉴	活躍する日本のイラストレータ一年鑑	日本	介绍插图画家的工作和最新作品
141	日本空间设计年鉴	日本の空間デザイン年鑑	日本	介绍展示会、灯饰、展示窗、商店、餐厅、百货店、车站、宾馆、娱乐场所、博物馆、学校、医院、办公室、广告标志等各样的最新设计
142	人气店铺设计年鉴	人気店舗デザイン年鑑	日本	—
143	日本活板印刷年鉴	日本タイポグラフィ年鑑	日本	登载由日本活板印刷协会13名审查委员选出的400分以上的作品，包括字体、标识、象征性图案、VI、图解、现实编辑、研究、实验等10个范畴，展现活板印刷的最新趋势
144	机械手表年鉴	機械式腕時計年鑑	日本	介绍高级品牌的机械手表，对年度内的高级表市场进行解读
145	CG产品年鉴	CGプロダクション年鑑	日本	介绍在电影、电视、广告、动画、游戏等各领域中活跃的日本CG产品和详细的企业信息

续表

序号	中文译名	原名	国家	主要内容
146	沙特医学年鉴	Annals of Saudi Medicine	沙特	由沙特阿拉伯利雅得国王费萨尔专科医院和研究中心双月出版，发表关于英语临床兴趣的科学报告
147	占星年鉴	Almanaque do Pensamento	巴西	巴西最完整的占星术及预言指南，刊登占星预测，关于数字命理、水晶、健康和幸福的文章
148	威卡巫术年鉴	Almanaque Wicca	巴西	巴西最全面的魔法、仪式、异教和灵性指南，并附有下一年的日历、日食、月相等信息
149	南非年鉴	South Africa Yearbook	南非	南非国家综合性年鉴，介绍南非的国家现状及政府在各个方面的新举措、新政策和新成就
150	非洲统计年鉴	African Statistical Yearbook		登载非洲国家社会经济发展的统计数据和专门行业数据

图书在版编目（CIP）数据

国外年鉴选介 / 张恒彬主编 .-- 北京：社会科学
文献出版社，2018.12
ISBN 978-7-5201-4150-5

Ⅰ.①国… Ⅱ.①张… Ⅲ.①年鉴 - 介绍 - 国外
Ⅳ.① Z5

中国版本图书馆 CIP 数据核字（2018）第 293210 号

国外年鉴选介

主　　编 / 张恒彬
副 主 编 / 崔　震　王韧洁

出 版 人 / 谢寿光
项目统筹 / 邓泳红
责任编辑 / 陈　雪

出　　版 / 社会科学文献出版社·皮书出版分社（010）59367127
　　　　　　　地址：北京市北三环中路甲 29 号院华龙大厦　邮编：100029
　　　　　　　网址：www.ssap.com.cn
发　　行 / 市场营销中心（010）59367081　59367083
印　　装 / 天津千鹤文化传播有限公司

规　　格 / 开　本：787mm × 1092mm　1/16
　　　　　　　印　张：14.25　字　数：192 千字
版　　次 / 2018 年 12 月第 1 版　2018 年 12 月第 1 次印刷
书　　号 / ISBN 978-7-5201-4150-5
定　　价 / 98.00 元